Liebe Leserin, lieber Leser,

Hamburg, diese wunderbare, vielseitige Stadt – Kosmos verschiedenster Menschen – versteht es, ihre Bewohner und Gäste zu überraschen, an Wochenenden, mitten im Alltag oder für eine besondere Stunde. Sie steckt voller Geschichten, die gelesen, gesehen oder gehört werden wollen. Oft verbergen sie sich an ungeahnten Plätzen, oft aber auch an Orten, die auch Einheimische längst zu kennen glauben, und eröffnen neue Perspektiven. Es sind lustige und ernste Geschichten, bunt und voller Abwechslung wie das Leben. Wir haben 100 davon zusammengetragen und dabei selbst Hamburg neu lieben gelernt. Und das jeden Tag immer wieder anders.
Viel Freude beim Entdecken!

Christine Lendt und Annett Rensing

IMMER EINE SÜNDE WERT!

MEINE LIEBLINGSLÄDEN ZUM EINKAUFEN

GOOT
hamburg
Gemischter Salat 3,90-
wahlweise mit Rind oder Putenbrust 4,90-
Vegetarische Sandwiches 3,90
Kartoffelecken 2,50
täglich wechselnde Suppen 2,90-
~Finest Cuts~
warme Sandwiches mit Schweinebraten, Prager Schinken, Rinderbraten, Putenbrust 4,90-
vers. Braten mit Kartoffelecken dazu Salat oder Kraut 6,90
Heute
leckere
Brokkoli-Suppe
it's goot for you

EINEN ECHTEN HAMBURGER ESSEN

01

Wie der Name schon sagt: Die weltbekannte Frikadelle im Brötchen stammt aus Hamburg, zumindest laut der gängigen Überlieferung. Ursprünglich aber war das, was man heute mit Fast Food verbindet, etwas ganz anderes. Das original »Rundstück warm« gibt es im Goot, einem kleinen Deli im Kontorhausviertel.

Für Hafenarbeiter war das »Rundstück warm« das Mittel, das Leib und Seele zusammenhielt. Es bestand aus einem Brötchen mit einer Scheibe Schweinebraten samt Sauce und war eine komplette warme Mahlzeit, die sich überall und ohne Besteck verzehren ließ. Gut verpackt nahmen sie es noch im frühen 20. Jahrhundert mit zur Arbeit. Auf den Schiffen in Richtung USA hatten Seeleute und Passagiere den »Ur-Hamburger« als Proviant dabei. So reiste das Rezept für den Schweinebraten im Brötchen über den Atlantik, wo es sich wohl im Lauf der Zeit zum Hackburger wandelte.

Wie gut das fast vergessene Original schmeckt, entdeckte Steffen Mohr. Selbst in Hamburg geboren, arbeitete er viele Jahre im Hotelmanagement, lebte in London und auf den Bermudas. Er kehrte zurück, um ein eigenes Lokal in seiner Heimatstadt zu eröffnen. Im »Goot« erwartet Sie Traditionskost im Ambiente eines trendigen Delis, schlicht und edel. An den Wänden erzählen große Schwarz-Weiß-Fotografien ein Stück Hafengeschichte. Auch andere Künstler stellen ihre Werke aus.

Das legendäre Rundstück wird hier zu jeder Tageszeit serviert. Hausgemacht sind auch alle anderen Speisen, Tagessuppen und Kartoffelecken. Es gibt süß-würziges Sauerkraut nach altem Familienrezept und »Finest Cuts« vom Prager Schinken, Charolais-Rind oder anderen Braten. Das Goot verwendet Qualitätsfleisch aus der Region ohne Antibiotika und bietet auch Vegetarisches an. Die Küche hält, was der plattdeutsche Name verspricht: Hier schmeckt es einfach gut. Als hätte Muttern heimlich noch eben etwas Wärmendes in die Pausenbox gesteckt.

Goot – Finest Cuts · Depenau 10 (beim Chilehaus) · 20095 Hamburg
Tel. 040/67 30 61 71 · www.goot-hamburg.de
U 1 Meßberg

02 FLASCHENHUSSEN UND SIEBDRUCKKURSE

Darf's ein bisschen mehr Hamburg sein? Fernsehturm, Hafendocks, Astrapullen oder doch lieber selbst gewählte SInnsprüche auf Blusen, Kissen, Lampen gedruckt – nonchalant überzeugen die Inhaber mit ihrem Motto: »Es gibt nichts, was man nicht mit schönen Stoffen machen kann.«

Viele Hanseaten können die irgendwo abgebildeten Klischees ihrer geliebten Hafenstadt nicht mehr sehen. Andere bekommen nicht genug davon. Dem Siebdruckladen »Frohstoff« ist das egal, ihm ist der Spagat zwischen Hamburgensien und Heimatassoziationen (Eisvogel, Hase, Pusteblume) oder völlig anderen Motiven gelungen. Die Handsiebdrucke auf unterschiedlichsten Materialien, verwandelt in Interieurobjekte, Accessoires oder Kleidungsstücke, werden auch ins Haus geliefert und über den Einzelhandel vertrieben. Sie können bei Frohstoff auch einen Kurs belegen, der Ihrer Kreativität keine Grenzen setzt. Das Lieblingsmotiv kommt mithilfe eines besonderen Verfahrens auf das Sieb. Dieses Bild wird mit der ausgewählten Farbe bestrichen, auf den Bedruckstoff gedrückt, übergebügelt, fertig – Arbeitsweisen und Methoden sind vielfältig. Und jedes Kunstwerk hat sein eigenes Sieb. Kein Wunder, dass sich die Utensilien in den Produktionsräumen im Keller stapeln.

Das »Frohstoffpaar« Meike Marie Buchholz (Designerin) und Jörg Vogt (Schneider) hat noch etwas ganz anderes geschafft: Keine Kachel des Vorgängerladens, einer alten Wildschlachterei, wurde abgeschlagen. Die beiden haben ihr Geschäft sogar in die vermutlich nicht ganz behagliche Einrichtung des verstorbenen Metzgers eingefügt. An den gelblichen Fliesen stehen bei Frohstoff jetzt (ansprechend) die »Klassiker«: Eigens genähte Überwürfe für Flaschen, sogenannte Flaschenhussen, außerdem Buchhüllen und viele andere Kreationen. Wer selbst die Technik des Siebdrucks erlernen möchte, hat auch dazu bei »Frohstoff« Gelegenheit. Planen Sie hierfür ungefähr einen halben Tag ein.

Frohstoff Siebdruck & Textilmanufaktur Meike Marie Buchholz · Atelier
Wexstraße 38 · 20355 Hamburg · Tel. 040/39 99 14 47 · www.frohstoff.de
U 1 Jungfernstieg

03 DAS AROMA VON SCHANZE UND PAULI

Die Barmbeker nennen sie die »Spice Girls«, denn sie verschafften dem Stadtteil sein eigenes Gewürz. In ihrer Manufaktur in der Geierstraße kreieren Katharina Wilck und Bettina Matthaei ausgefallene Gewürzmischungen. Ihr Wissen geben sie in Seminaren weiter.

»Barmbek Booster« heißt die rote Hommage an den Standort der Manufaktur. Die Gewürzmischung aus der gestylten Weißblechdose verschärft zum Beispiel Rührei, Suppen und Bohnentöpfe. Noch zwei Hamburger Stadtteile haben ein eigenes Aroma: Es gibt »Schanzen Chili« und »Pauli Pepper«. Mit ungebremster Leidenschaft kreiert Kochbuchautorin Bettina Matthaei neue und ausgefallene Mischungen wie diese. Tag für Tag experimentiert sie in der Versuchsküche auf der Suche nach außergewöhnlichen Geschmackserlebnissen. Ihre Ideen entspringen Reisen in exotische Länder, das Ergebnis sind kleine Schätze der Aromenkunst. Ihre Tochter Katharina Wilck führt das Geschäft. Wenn eine Bestellung kommt, werden die Rohgewürze in aufwendiger Handarbeit gemahlen, gecuttert, gemischt und direkt abgefüllt. Die Philosophie verlangt der kleinen Manufaktur ein logistisches Kunststück ab, denn sie produziert die Mischungen auftragsbezogen und in kleinen Mengen.

Um die Ecke beginnt ein schöner Spaziergang. Entlang des Flusslaufs geht es bis in die Innenstadt oder hinaus ins schöne Alstertal.

Wenn Sie mehr erfahren möchten, können Sie an einem ca. dreistündigen Kurs teilnehmen. Nach einem Vortrag wird geschnuppert und probiert, gemahlen und gerührt. So erfahren Sie unter anderem, welche Rohgewürze den vier Geschmackssinnen zugeordnet werden, ob eine rosa Pfefferbeere süß ist und warum die Bezeichnung Pfeffersack als Kompliment gilt. Jeder Teilnehmer darf zwei eigene Gewürzmischungen herstellen. Vielleicht ist bald jemand dabei, der das Aroma von Eppendorf in ein Gewürz verwandelt.

1001 Gewürze · Gewürzmanufaktur · Geierstr.1 · 22305 Hamburg
Tel. 040/60 87 60 00 · www.1001gewuerze.de
Direktverkauf in der Hamburger Manufaktur s. Homepage
U 3, S 1 oder 11 Barmbek

SHIRAZ
1001 GEWÜRZE
GEWÜRZMANUFAKTUR HAMBURG
Hamburg macht scharf!
Pauli Pepper
1001 GEWÜRZE
GEWÜRZMANUFAKTUR HAMBURG
Hamburg macht scharf!
1001 GEWÜRZE
Hamburg macht scharf!

DIE PORZELLANWERKSTATT
DIE PORZELLAN WERKSTATT

Be Lappy
ELBEGUT

ZERBROCHENES FINDET ZUSAMMEN

04

Schon manche, die vor einem Scherbenhaufen standen, fanden bei Harald Schmalhaus die Freude wieder. Restaurierte Vasen, Teller, Tassen reihen sich dort aneinander. Die Porzellanwerkstatt im Kontorhausviertel ist Anlaufstelle für alle, denen etwas Wertvolles zerbrach. Die einen lassen das teure Erbstück restaurieren, andere kommen wegen ideeller Werte, sei es Großmamas Kaffeeservice, die Lieblingstasse vom Flohmarkt oder der Wandteller, der einen sicheren Aufhänger benötigt. Manches gute Stück wird hier in ein ganz besonderes verwandelt. Die Porzellanwerkstatt hat eine mehr als hundertjährige Geschichte. Wenn ein Kunde hereinkommt, klimpert eine besondere Klingel über der Tür: eine Tasse, die niemals kaputtgeht.

Die Porzellanwerkstatt · Altstädter Straße 11 · 20095 Hamburg
Tel. 040/34 24 42 · www.dieporzellanwerkstatt.de
U 1 Meßberg

ELBEGUT TREIBHOLZUNIKATE

05

Wenn die Elbe mal wieder höhere Wellen schlägt und über die Ufer rollt, bringt sie Geschenke mit. Hölzer, Äste und Planken, fein geschliffen vom Wasser. Jedes Stück ist für sich ein Unikat. Danach hält Francisca Schmidt Ausschau bei ihren Spaziergängen an den Stränden von Blankenese oder Falkenstein, und bei jedem Fund fragt sie sich: Wo dieses Holz schon überall gewesen sein mag? Wo wächst der Baum, dessen Stück hier vor mir liegt? »Manches Stück Treibholz erzählt uns so viel, dass es so, wie es an den Strand gespült wurde, schon ein vollendetes Kunstwerk darstellt. Dann mache ich aus den Stücken gern Skulpturen«, sagt die gelernte Segelmacherin. Ihre Werkstatt im Hamburger Stadtteil Eimsbüttel führte sie einer neuen Bestimmung zu. In einem kleinen Hofladen mitten im Blankeneser Treppenviertel und im Onlineshop verkauft sie ihre Kunstwerke.

Elbegut · Sa & So 11–17 Uhr oder nach tel. Vereinbarung: 0172/216 50 98
Hans-Lange-Straße 7 · 22587 Hamburg · www.elbegut.de

06 DAS FRANZBRÖTCHEN – NUR IN HAMBURG

Kaum ein Produkt entzieht sich so sehr der Globalisierung wie ein einfaches Gebäckstück aus Hamburg: Das Plunderstückchen, gefaltet in unverwechselbarer Schmetterlingsform mit angeblich aphrodisierendem Zimtgeschmack, birgt ein Geheimnis.

Mit letzter Sicherheit weiß bis heute niemand, wer als Erfinder des Franzbrötchens gelten kann. Jahrelang recherchierte der Publizist Manfred Beseler, Herausgeber des Taschenbuchs *Das Franzbrötchen* im gleichnamigen Hamburger Verlag, die Herkunft des braungelben Plunders.

Viele Spuren der Gebäckforschung erwiesen sich als Irrweg. Die Einführung eines »Franz(osen)brots« im Zuge der Besetzung Hamburgs durch Napoleon Bonaparte in den Jahren 1806 bis 1813 kann inzwischen als widerlegt gelten. Ebenso die Anekdote über einen fülligen Bäckergesellen in Hamburg-Harburg, der sich nach durchzechter Nacht morgens auf den vorbereiteten Teig gesetzt und so dem Brötchen seine spätere Form gegeben haben soll. Die Gebäckexpertin Annette Hillringhaus aus dem Museum für Brotkultur in Ulm reiste schließlich 2010 eigens zum 1. Internationalen Franzbrötchen-Kongress in das Hamburger Kulturwerk West und präsentierte neue Archiv-Funde. Einem vergilbten Werbeplakat zufolge habe tatsächlich ein Franz'scher Bäcker, Johann Heinrich Thielemann (1848–1901), möglicherweise beeinflusst durch die nordische Tradition des »Kopenhagener« und skandinavischen Plunderstückchens im einstmals dänischen Altona, das eigentümliche Gebäckstück schon früher als bekannt feilgeboten. Damit wurden auch die Aussagen von noch lebenden Nachkommen Thielemanns bestätigt, die Buchautor Beseler zuvor aufgespürt hatte. Die Franz'sche Bäckerei an der Großen Bergstraße 9 am Eingang zum Vergnügungsviertel Reeperbahn musste einem Modekaufhaus und dann einer Klinik weichen. Bei der Verkostung der eingesandten Proben aus 21 Bäckereibetrieben zum 1. Franzbrötchen-Kongress siegte letztendlich das kleine Café Luise.

Café Luise · Kleine Bäckerei e. K. · Mo–So 9–18 Uhr · Erdkampsweg 12 · 22335 Hamburg
Tel. 040/52 98 57 17 · www.franzbroetchen-verlag.de
U 1 Klein Borstel

HALTESTELLE
zur Wurst
Coca-Cola

HALTESTELLE ZUR WURST

07

Auch wenn's nicht auf der Karte steht: Morgens um acht bekommen Sie auf Wunsch auch mal Spiegelei, Kartoffelsalat - nie auf Papptellern - und Herzlichkeit gibt es jeden Tag umsonst. Viele kommen einfach auf einen Kaffee oder wegen der Frikadellen und der extrem guten Currywurst-Saucen-Mischung.

Das Ehepaar Margret und Mathias Wolter liebäugelte mit einem seit Jahren leer stehenden Kiosk zwischen dem Niendorf Markt und Hagenbecks Tierpark und eröffnete 2006 den Imbiss in Niendorf. Hier fehlte einfach eine Wurstbude. Rot-weiß ist die Fassade, der Klassiker »Pommes Schranke« in Farben verewigt. Obwohl das FC-St.-Pauli-Trainingsgelände direkt hinter der Pommesbude liegt, brennen beide für den HSV. Schon frühmorgens stehen die ersten Autos an der Haltestelle. Doch die meisten Kunden kommen erst am späten Vormittag und stärken sich mit einer Currywurst und der leckersten Sauce der Stadt. Teuerstes Gericht ist mit 4,90 Euro das Schaschlik-Filet.

Nach der Frikadelle an der lauten Kollaustraße findet man Ruhe auf dem Alten Niendorfer Friedhof von 1840 mit Grüften und einem geheimnisvollen Mausoleum (Kollaustraße 241).

Es kommt auch vor, dass Otto Waalkes, Uwe Seeler oder Oliver »Dittsche« Dittrich auf einen Kaffee vorbeischauen. Die Kontakte entstanden in der Betriebssportanlange der Vereinsbank Niendorf. Dort führten sie das Clubhaus mit sechs Tennisplätzen und einem Sportplatz. Herr Wolter war jahrelang auch HSV-Tennistrainer. Die Anlage wurde 2004 geschlossen.

Schön laut ist es hier, wenn die Ampel auf Grün umschaltet und Massen von Autos vorbeibrausen. Trotzdem: Dies ist keine gewöhnliche Pommesbude. Wenn Sie also nur auf eine Wurstlänge bleiben, sind Sie selbst schuld. Denn die offenen Ohren für die Sorgen der Gäste sind unbezahlbar, hier geht es eben nicht nur um die Wurst. Und das ist auch gut so.

Haltestelle zur Wurst · Mo–Fr 10–18 Uhr · Kollaustraße 137 (beim St. Pauli-Trainingsgelände)
22453 Hamburg · Tel. 0151/15 37 42 53
Bus 391 Niendorfer Straße

08 VIEL ZEIT FÜR ARABICA UND ROBUSTA

Eine der letzten privaten Röstereien betreibt Jens Burg, ein Traditionalist. Bereits sein Vater, Großvater und Urgroßvater waren mit Leib und Seele der aromalosen Rohbohne verfallen. Seit Zimt- und Vanillegeschmack jüngere Generationen in Coffee-Shops locken, boomt das schwarze Getränk.

Wenn Sie den Eppendorfer Weg entlanggehen, werden Sie hin und wieder sprichwörtlich an der Nase herumgeführt. Zum Beispiel zu einem Ort, der wohlriechende Atmosphäre verspricht: die Kaffeerösterei Burg. In der dazugehörigen Museumsrösterei in der Speicherstadt am St. Annenufer, heute Genuss Speicher genannt, wurde schon seit 1896 im Kaffeespeicher von Hansen & Studt Kaffee gelagert. Morgens um sieben läuft hier alles nach Plan. Kaffeebohnen, sowohl reine Arabica mit klangvollen Namen wie »Jamaica Blue Mountain« oder »Hawaii Kona« als auch Robusta-Sorten werden geröstet – und der Duft macht Appetit darauf, mehr zu erfahren. Kernstück des Museums ist ein Trommelröster aus den 1920er-Jahren. Im Schnitt werden 130 Kilogramm Rohkaffee am Tag geröstet. Das Leben einer Kaffeebohne mit ihren Gattungen, Röst- und Zubereitungsvarianten ist vielschichtig. Der Kaffee wird hier bei 200 °C 20 Minuten geröstet – Großröstereien benötigen dafür nur drei Minuten bei 600 °C. Diesen Unterschied können Sie schmecken. Vor rund 20 Jahren entstand das Museum in einem Hinterhof mit Mühlen, Schütten, Werbetafeln und Kaffeepflanzen. Im Zuge der Trendwende zum Industriekaffee in deutschen Haushalten wurde vieles aus den 1960er-, 1970er- und 1980er-Jahren ausrangiert. Burg sortierte alles liebevoll nach Sinn und Zweck. Dann kaufte Vietnam, weltweit größter Produzent von Robusta-Kaffee, 2010 rund 11 000 Exponate auf, die die Region Europa repräsentieren. Im Ladengeschäft kann zwischen 20 reinen Kaffeesorten, mehr als 60 Aromakaffees, elf Espressoarten und an die 100 verschiedenen Tees ausgewählt werden. Es ist die Mischung, die Qualität macht.

Kaffeemuseum Burg · Öffnungszeiten s. Homepage
St. Annenufer 2 · 22457 Hamburg · Tel. 040/55 20 42 58
www.kaffeemuseum-burg.de · U 1 Haltestelle Meßberg

JACOBS KAFFEE
JACOBS

Indien Monsoon
Columbia Maragogype
Columbia Kaffee
Rehm & Co.

ALTERNATIVEN ZUM ZWIEBELMUSTER

09

Klein, fein und zentral gelegen ist der Ort, an dem geübte Hände Ton bändigen, wo jedes Produkt von Hand gefertigt ist, wo sich ein Becher vom anderen unterscheidet. Wenn Sie keine Lust mehr haben, Ihren Schrank zu öffnen, um 200 Teile Zwiebelmuster zu sehen, sind Sie hier genau richtig.

Betritt man das Lädchen, in dem keramische Einzel-, Design- und Serienstücke dargeboten werden, liegt ein halb lautes Summen in der Luft: Die Akustik kommt von der elektrischen Drehscheibe. Es riecht nach Erde und gebranntem Ton. Durch eine kleine Öffnung hinter dem warm beleuchteten Ausstellungsraum ist der Kopf der Meisterin, Susanne Behrens, zu sehen. Freundlich kommt sie mit von Tonschlicker beflecktem Pulli nach vorn und fragt, ob sie behilflich sein kann. Wenn nicht, verschwindet sie wieder in ihre Mini-Werkstatt. Giftgrün schimmern sie und blassrosa, helllila, grellorange und tiefschwarz. Erstarrte Tropfen in Milchig-Weiß. Eine Poesie der Farben und Strukturen auf den Scherben. Inspirationsquelle ist der Garten hinter dem Haus. Wenn alle Glieder schmerzen, gräbt Susanne Behrens dort mit bloßen Händen.

Auf Wunsch setzt die Keramikerin auch Designvorstellungen ihrer Kunden wie z. B. Porzellanlampen o. ä. um.

Wie viel Geschick, Kraft und Zeit nötig sind, um eine ästhetische Keramikkunst aus einem 40 Kilogramm schweren Klumpen zu formen, wird erst bei Betrachtung dieser Arbeit deutlich. Liegt mal seelische Unausgeglichenheit vor, erinnert sich Ton an den unliebsamen Umgang spätestens im Brand. Sein Gedächtnis ist gnadenlos: Verziehen der Gefäße, Risse, verlaufene oder abgeplatzte Glasuren sind das Ergebnis.

Susanne Behrens weiß, warum sie mit Idealismus diese Arbeit macht. In einer Welt, die sich wieder nach dem Einzigartigen, Sensiblen, Bodenständigen sehnt, ist Ton das perfekte Material, sich auszudrücken.

Susanne Behrens · Mi–Fr 14–18 Uhr, Sa 10.30–14 Uhr und nach Vereinbarung
Eppendorfer Weg 88 · 20259 Hamburg · Tel. 040/490 50 19 · www.susannebehrens.de
U 2 Christuskirche, Bus 4, 20, 25

10 HEISSGETRÄNK FÜR DEN SCHEICH

Seit über zehn Jahren räumt Esin Rager mit dem Vorurteil des Schlabberpulli und Wollsocken tragenden Teetrinkers auf. Die Gründerin von samova überzeugt mit einer modernen, multikulturellen Teekultur. Das neue Image des heißen Getränks ist: weltoffen, trendy und poppig verpackt.

Es war einmal eine Frau mit osmanischen Wurzeln namens Esin, Morgenwind. Sie lebte in der Tee-Metropole Hamburg, trank gerne Tee, hatte es aber satt, immer nur die gleichen qualitätslosen Sorten zu kosten. Eines Tages brachte ihr Mann von seinen Reisen aus fernen Ländern exotische Kräuter mit. Sie entwickelte aus diesen wohlriechenden Ingredienzen 25 wunderbare Teemischungen und gab ihnen fantasievolle Namen. Der Duft, die Farbe und der Geschmack dieser Mischungen verführten sogar Nicht-Teetrinker. Für die Erfinderin ist das Heißgetränk »wie sonst nur die Musik – ein Bestandteil der Kulturen dieser Welt«. So lässt sogar ein Scheich aus Abu Dhabi »Magic Gold«, eine Kombination aus Rosenblättern, Safran, Blattgold und schwarzem Tee, in die Emirate einfliegen. Dort wird er von der Königsfamilie als Zeichen von Dankbarkeit und Freundschaft weitergereicht.

Esin Ragers Reich der Aromen, das samova, befindet sich aber nicht in einem Schloss, sondern in Billstedt, in einem ehemaligen Wasserwerk. Hier, in der sogenannten Palastküche, kann Tee gekostet, gerochen oder gekauft werden. Eine Tasse Heidis Delight mit Minze, Zitronenmelisse und Rosmarin zaubert Teegenießer in eine andere Welt.

Biokräuter wie Färberdistel, Kornblume sowie Frauenmantelblätter versetzen einen in die Schweizer Alpen, und von Kraft durchströmt wähnen Sie sich schon auf einer Bergtour durch Bäche und Almwiesen. Zuvor können Sie aber auch an samovas regelmäßigen Tanztees teilnehmen. Esin heißt übrigens auch Inspiration.

---

samova GmbH & Co. KG · Öjendorfer Weg 30 A (Kulturpalast Billstedt)
22119 Hamburg · Tel. 040/85 40 36 40 · www.samova.net
U 4 oder U 2 Haltestelle Billstedt
Outlet-Laden · Sa 12–19 Uhr · Merkenstr. 41 · 22117 Hamburg
U 4 oder U 2 Haltestelle Steinfurther Allee, weiter mit Bus 432 Haltestelle Reinskamp

TRYGG-HANSA
HAMBURG
SUPERSPINS
TOP 10

LABSKAUS ZU KALLES LIEDERN

11

Im Hafenviertel rund um die Große Elbstraße gibt es viele Kneipen und Bars. Die Haifischbar ist ein Original. Auch wenn sie sich heute als »maritime, freundliche Gaststätte« bezeichnet: Die raue Brise, die seit ehedem Seefahrer hereintreibt, weht beständig.

Der Matrose starrt hinab auf den Tresen, sein verlorener Blick im Gemälde verewigt. Vielleicht saß auch er einst hier an der Bar, kurz vor dem Aufbruch nach Übersee, die Geliebte weinend am Kai. Nur eine der wildromantischen Geschichten, die im Schummerlicht der Haifischbar lebendig werden. Wände und Decke hängen voll mit Andenken aus aller Welt, Totenköpfe, ein Sombrero, Öllampen, Rettungsringe, Netze, Taue, Flaggen, eine hölzerne Bordleiter, mittendrin klafft das Gebiss eines Hais. Tote Fische, wohin man schaut. Spielautomaten. Die blank gesessenen Barhocker trugen schon manchen Stammgast, bis der Tresen die Stirn berührte. Nebenan bietet die Seemannsmission Fahrenden ein Bett für die Nacht. »Kapitäne schauen immer noch gern bei uns vorbei«, raunt Barmann Kalle, »es kommen aber auch Prominente, Szeneleute und sogar Touristen.« Seit ungefähr 20 Jahren zapft er die herben Biere, bringt Grog zum Durchwärmen und Labskaus, das klassische Seemannsgericht.

Freddy Quinn und andere Stars verhalfen der Kneipe in den 1960er-Jahren zu Ruhm, als sie in einer verrauchten Fernsehserie mitspielten. »In der Haifischbar ist es ganz wunderbar«, reimten sie fröhlich. Inzwischen versucht die Haifischbar ab und zu, eine ganz normale Hafengastronomie zu sein. Es stehen Sonnenschirme vor der Tür und nachmittags gibt es Kuchen (auf Anfrage). In Wahrheit hat sich zum Glück nichts geändert. Es ist drei Uhr in der Früh, von der Reeperbahn strömen neue Gäste herein. »Sollen wir wirklich …?«, sagen ihre Gesichter. Es ist eben auch eine Spelunke. Spätestens, wenn Kalle zur Gitarre greift, fühlt sich jeder willkommen. Ein zweites Zuhause, wie für alle, die zur See fahren und fern der Heimat einkehren.

Haifischbar · Große Elbstraße 128 · 22767 Hamburg
Tel. 040/380 93 42 · www.haifischbar.hamburg
S-Bahn Königstraße (S 1 / S 2 / S 3 / S 31)

12 FEILSCHEN MIT EULEN UND LERCHEN

Samstags verwandelt sich das Schlachthofgelände in einen einzigartigen Marktplatz. Hier finden Sie alles, außer drei Dinge: Neuwaren, Socken und Sonderposten. Darauf legt man hier Wert. Zu einem echten Flohmarkt gehört eben echter Trödel. Flohschanze ist für alle da, die den Jahresputz zur Entrümpelung nutzen. Und das machen viele Hamburger. Sehr viele. Besonders an der Flohschanze ist das Verständnis für die unterschiedlichen Biorhythmen der Menschen. Hier gibt es nämlich einen gestaffelten Aufbauzeitplan mit »Ab-9-Uhr-Standflächen«. Die Eulen verdienen damit zwar weniger als die Lerchen unter den Verkäufern, aber um Geld geht es hier nicht wirklich beim Treiben rund um die denkmalgeschützte Alte Rinderschlachthalle. Ziel ist, möglichst das Doppelte des Ertrags gleich wieder auszugeben.

Flohschanze · Sa 8–16 Uhr (ganzjährig) · Neuer Kamp 30 · 20357 Hamburg
Tel. 040/270 27 66 · Infos & Standvergabe: www.marktkultur-hamburg.de
U 3 Feldstraße

13 ABGANG ANHALTEND MIT DUNKLER SCHOKI

Zu jeder guten Stulle gibt es das passende Bier, dank fachkundiger Beratung aus rund 70 Sorten ausgewählt. Bereits beim Lesen der Karte gewinnen Sie hier überraschende Erkenntnisse. »Kräftig, goldfarben und von feiner Hefe durchzogen. Duft nach Pfirsich und Ananas.« Oder: »Sehr süffig und erfrischend, wunderschöner Hopfen. Abgang anhaltend mit dunkler Schoki.« Schon die Karte zu studieren erweitert das eigene Wissen in vielerlei Hinsicht. Denn Axel Ohm und Patrick Rüther reisten um die Welt und brachten mit, was sie in ihrem »Altes Mädchen Braugasthaus« in den historischen Viehmarkthallen (1896) bei leckerem Essen für ausschankwürdig hielten. Sicherheitshalber klären die Betreiber auf: »Aber keine Angst, bei uns geht das nicht so in Richtung Wein, der von Pinguinen zum Essen serviert wird. Im Gegenteil: Wir sind da eher total entspannt.«

Altes Mädchen Braugasthaus · Mo–Sa ab 12, So ab 10 Uhr · Lagerstraße 28b
20357 Hamburg · www.altes-maedchen.com · U 3, S 3, S 21 Sternschanze

Bei

RATSHERRN
JUST CRAFT. REAL TASTE.
Just Craft real taste
MÄDCHEN
6IXER

Anno 1888
Inh. D. Ostwald
Gaststätte Möller
91
Ab 7⁰⁰ Uhr
Filterkaffee
Cappucino
Kakao
Cafe au leit
Glas Holsten 0,4 l
2,45
Fl. Holsten 0,5 l
2,55
Gaststätte Möller
HOLSTEN

QUALMEN UNTER SCHIFFSMODELLEN

14

Warum eigentlich nicht? Trauen Sie sich doch mal wieder in eine richtig voll gequalmte Kneipe zu gehen. Beim Eintreten kräuseln sich erste Rauchwölkchen um Ihre Nase. In der seit 1896 bestehenden Pinte lässt es sich inmitten von Ur-Hamburgern gut schnacken. Vielleicht doch eine genüsslich schmöken?

Im Dämmerlicht und der Wärme des dunkel gehaltenen Raumes stellt sich ein nostalgisches Gefühl ein. An der Decke schwanken alte Schiffsmodelle und hängen verstaubte Marionetten; auf dem Boden steht ein altes Holzschaukelpferd, an der Wand wartet eine Musikbox auf einen Gast mit dem passenden Musikgeschmack. Die Welt ist hier ein bisschen stehen geblieben. Reduziert auf die sinnliche Erfahrung, in Zigarettennebel, Wärme und Biergeruch für den Augenblick geborgen zu sein.

Manche nennen es Gemütlichkeit. Genauso können bei dem einen oder anderen Gast auch beklemmende Assoziationen aufsteigen. Zum Beispiel Erinnerungen an den Frauenmörder Fritz Honka, der in den 1970er-Jahren gern Korn mit gelber Brause in einer ähnlichen Eckkneipe auf dem Kiez trank, dem »Goldenen Handschuh«. Dort lernte er seine Mordopfer kennen, die er wenig später auf dem Dachboden zersägte. Glücklicherweise verkehrt hier ein anderes, bunt gemischtes Publikum. Viele kommen vom rauchfreien Mercado-Center um die Ecke, um endlich in aller Ruhe die geliebten Zigaretten zu genießen.

Seit dem Rauchverbot 2008 haben Wirte in die Trickkiste gegriffen: Damit ihre Gäste weiterhin qualmen dürfen, gründeten sie Vereinslokale, in denen rauchen noch erlaubt war. Vor einigen Jahren wurde diese Auflage aufgehoben, solange das Lokal bis zu 75 Quadratmeter beträgt. Die Kneipe heißt jetzt »Gaststätte Möller« und nicht mehr »Raucherclub Möller's«. Der Chef Dieter Ostwald, selbst Nichtraucher, hat auf das Schild mit den Öffnungszeiten gekritzelt: »Solange ich Lust hab« – hier wird eben nicht nur Umsatz gemacht.

Gaststätte Möller · Tgl. ab 11 Uhr · Bahrenfelderstraße 91 · 22765 Hamburg
Tel. 040/39 22 57 · S-Bahnhof Altona
S 1, S 3, S 11 Bahnhof Altona

15 FISCHBUDE EINES WAHREN KÖNIGSPAARES

Vier Fischbrötchen auf dem Schild über dem Fenster weisen darauf hin: Hier ist die Küche schnell und schlicht. Eingeweihte wissen: Viel, viel mehr steckt drin in der Holzbude vom Museumshafen Övelgönne. Hier erwarten Sie Salsamusik zum Matjes, wilde Seemannsgeschichten und ein Eisbrecher vor der Tür.

Nuggis erste Elbkate stand ab 1992 und war ein Fahrradhäuschen vom Baumarkt. Ein Kran hatte es samt Betonfundament auf den Anleger Övelgönne befördert. Heute ist die Bude nicht mehr sechs-, sondern viereckig und mindestens genauso gemütlich wie früher. Es gibt unverändert dick belegte Fischbrötchen, Bockwurst, Krakauer und Erbsensuppe, draußen an der Klappe und drinnen an der winzigen Bar. Dazu die Knolle Astra, aufn Poller setzen, mehr braucht man nicht. Nach Jahren als Schiffladungskontrolleur und Leichtmatrose, Fahrten mit Papagei Paula und Pavian Ali und vielen Frauen in vielen Häfen fand Nuggi hier eine neue Berufung. Zuvor besaß er einen Imbiss auf Rügen, der wurde ihm geklaut.

Im Hafen können Sie den Dampf-Eisbrecher »Stettin« besichtigen (tgl. 10–18 Uhr). Manchmal ist er auf Fahrt und nimmt Gäste mit. Termine siehe www.dampf-eisbrecher-stettin.de.

Er stammt aus Ottensen und heißt eigentlich Dieter Nuggmeyer, aber so nennt ihn keiner. Vielmehr kennt man ihn auch als »König der Dominikanischen Republik«, und die Königin, wenn man so will, heißt »Nani« Lucia Hiraldo. Er traf sie auf den Großen Antillen, verlor sein Herz und nahm sie als Braut mit in den Nieselregen. Seither ist Nuggi, vorher höchstens fünf Wochen lang verheiratet, so etwas wie sesshaft geworden, aber nur für einige Monate im Jahr. Während der anderen folgt er weiterhin dem Fernweh. Nani sorgt unterdessen dafür, dass es immer knackfrische Fischbrötchen gibt. Wenn ihr die Heimat fehlt, verwandelt Salsamusik die hanseatische Kate in einen ganz warmen Ort.

Nuggis Elbkate · Museumshafen Övelgönne · Neumühlen 1 · 22763 Hamburg
Bus 112 bis Haltestelle Neumühlen/Övelgönne · HADAG-Fähre 62 bis Anleger Neumühlen/Museumshafen

ELBKATE Imbiss
TRE
NUGGIS ELBKATE

16 GEBOREN WERDEN, ANDERS HERUM

Ein Lokal in einem Hinterhof der Reeperbahn, das durch zwei gespreizte Frauenbeine zu betreten ist, lässt keine Zweifel offen, denken Unwissende, und gehen lieber weiter. So verpassen sie die wohl kultigste Kneipe auf dem Kiez. Im hauseigenen Boxring trainierten schon die Klitschkos.

Die Ritze sollte ursprünglich »Spalte« heißen, aber das war den Behörden zu schlüpfrig. Wie alt sie ist, weiß niemand so genau, denn als sie eröffnet wurde, regelte man solche Dinge auf dem Kiez noch per Handschlag. Es muss wohl in den frühen 1970er-Jahren gewesen sein. Seitdem hat sich kaum etwas verändert im Hinterhof Reeperbahn Nummer 140. Noch immer empfängt der dunkle Eingang zwischen den schlanken Beinen jeden Gast. Es ist ein wenig

wie geboren werden, nur anders herum und mit Erwachsenen. Das Tür-Gemälde stammt von Erwin Ross (1926–2010). Der Künstler, einschlägig bekannt als »Rubens von der Reeperbahn«, gestaltete 1962 auch die Wolkenkratzer-Skyline für den »Star-Club«. Vor dem Bühnenbild begann die Karriere der Beatles.

Die Pin-up-Kunst von Erwin Ross lebt ebenso weiter wie seine Promi-Porträts. Sie alle können bestaunt werden unter: www.kiez-kunst-hamburg.de

Weil Wirt Hanne Kleine früher Boxer in der DDR-Nationalmannschaft war, ließ er in der Tiefgarage unter der Ritze einen Ring bauen. Alle waren sie hier, von Max Schmeling über Don King bis hin zu den Klitschkos. Ihre Fotos und Autogramme pflastern die Wände der Bar. Der Kiez-Kneipier starb im November 2011. Seine Witwe Kirsten (das Türgemälde zeigt ihre Beine) führte das Erbe weiter, mitsamt Boxring und Stammgästen wie Udo Lindenberg, Ben Becker und Jan Fedder, und übergab 2015 an Carsten Marek. Ein Original zwischen modernen Tabledance-Bars, Entertainment-Tempeln und Spielhallen. Es verwundert nur etwas, dass es hier bayerisches Bier gibt.

Zur Ritze · Mo–Do ab 17 Uhr, Fr–So ab 14 Uhr · Reeperbahn 140 (Hinterhof) · 20359 Hamburg
www.zur-ritze.com · S 1, S 3 Reeperbahn

17 FÜNFFACH KULTURELL GEFÜLLTE BOX

Aus alt mach älter und doch wieder neu. In Ottensen wurden historische Fabrikanlagen nicht einfach aufgeräumt, sondern funktional neu gestaltet. Mit dem Borselhof begann 1989 der Siegeszug der Fabrikimmobilien als Adresse für Kreative.

Alte Gleise im Kopfsteinpflaster führen zum Borselhof, einer aufwendig sanierten und modern genutzten ehemaligen Reißmaschinenfabrik. In der Basilika, dem Herzstück, befand sich früher die Gießerei und bis 2012 ein Privattheater. Nun hat hier »The Box« ein spannendes Konzept verwirklicht: fünf verschiedene Shops in einer Halle. Gegliedert durch eine filigrane Metallkonstruktion in ein Mittel- und zwei Seitenschiffe, eingefasst durch eine Empore und von einem großen Glasdach überspannt. Es harmonieren miteinander zwei Kunstgalerien (Schwerpunkt moderne Kunst, Fotografie und Skulptur die eine, internationale Jungstars die andere) mit einem Laden für Küchendesign, Klassiker-Möbel und Bücher sowie einem Café.

Bretter können bekanntlich die Welt bedeuten und da der Boden nicht »urig« genug aussah, wurde er noch mal herausgerissen, die nagelneuen Eichendielen mit rostigen Eisenstücken in eine große Waschtrommel geschoben, geschleudert, wieder ausgelegt, mit Öl begossen und angezündet. Durch diese Technik wirkt das Holz wie aus dem Jahr 1868, dem Gründungsjahr der Fabrik, und passt zum Charme der alten Halle.

Konzerte und Lesungen stehen regelmäßig auf dem Programm. Etwas Besonderes ist die 2017 eröffnete One Kitchen. In der Miet-Kochschule können sich Anfänger oder Fortgeschrittene nach persönlichen Vorlieben mit Kochkursen kulinarisch weiterbilden. Darüber hinaus haben privat Interessierte die Möglichkeit, Veranstaltungen in »The Box« abzuhalten.

Fast ehrfürchtig steht man in diesen wunderbaren Räumlichkeiten, würde am liebsten verweilen, um abends an Designtischen zu speisen und nachts in eines der Betten in dem denkmalgeschützten Bau zu fallen.

The Box · Öffnungszeiten s. Homepage · Borselhof / Borselstraße 16 F · 22765 Hamburg
Tel. 040/39 90 62 14 · www.thebox-hamburg.com
Bus 2, 37, 150 Borselhof

LANGNESE

Uncle Ben's
VITALIS
Nesquik
Caro

ZU GAST BEIM TREPPENKRÄMER

18

Man nehme eine Prise Tante Emma, gebe Bistro-Flair hinzu und fülle es mit liebenswerten Dingen. Heraus kommt das wohl kuscheligste Café-Lädchen Hamburgs, Rettung bei verpassten Wochenendeinkäufen, Sehnsucht nach Klönschnack und Appetit auf die weltbesten Torten. Es versteckt sich und ist doch so leicht zu finden.

Das Blankeneser Treppenviertel ist ein verwunschener Ort. Ähnlich wie das Änderhaus in Michael Endes »Unendlicher Geschichte« verändert es sich nämlich unbemerkt. Immer wieder überrascht es mit neuen Treppchen und Gässchen. Sie nehmen einen mit in verborgene Winkel, während sich die Treppe, die hineinführte, in ein Rosengärtchen oder Balkönchen verwandelt. So entdecken Sie Orte wie den »Treppenkrämer«. Doch keine Sorge, morgens stellt Inhaberin Brigitte Sandtner eine Tafel an den Elbstrand, damit Spaziergänger auch den direkten Weg finden. Der Familienbetrieb gehört zu einem alten Fischerhaus von 1870. Ab ungefähr 1900 lebte dort Marie Stehr. Ihr Vater baute den kleinen Laden vor das Wohnhaus, um dort seinen Fang zu verkaufen. Nach dem Zweiten Weltkrieg gab es dort Obst und Gemüse. Dann war der Laden geschlossen, bis Heikko Sandtner ihn bei einem Elbspaziergang entdeckte. 2005 eröffnete er zusammen mit seiner Frau das kleine Krämercafé. Es rettete schon manchem Blankeneser das Wochenende, weil es hier auch Milch, Eier, Zucker, Mehl, Joghurt und Aufschnitt gibt.

Andere kommen zum »Treppenkrämer«, um in den reich bestückten Regalen zu stöbern: Zu bekommen sind Tees, Sekt und Bonbons, Blankenese-Souvenirs, Matchbox-Autos und Antiquarisches. Es gibt Torten und Suppen aus eigener Herstellung, frisch zubereitete Fischbrötchen und Kaffee. Wer am Wasser sitzen möchte, bekommt alles »to go« und darf einen Stuhl mitnehmen zum Elbstrand. Bei Regenwetter rückt man im Café zusammen. Zum Glück weiß das Treppenviertel, dass es diesen Ort nicht verändern darf, und lässt ihn brav in der Hans-Lange-Straße 23.

Treppenkrämer · Sommer Fr–Sa 14–18 Uhr, So und Feiertage 11–18 Uhr, Nov.–Ostern Sa 12–18 Uhr, So und Feiertage 11–18 Uhr · Hans-Lange-Straße 23 · 22587 Hamburg www.treppenkraemer.de · S 1, S 11 Blankenese, von dort mit Buslinie 48 bis »Krögers Treppe«

19 WO DIE LETZTEN REEP-SCHLÄGER WOHNTEN

Auch in Wedel gab es eine Reeperbahn. Geblieben ist das 1758 erbaute Handwerkerhaus der Seiler, die Taue für Großsegler herstellten. Heute beherbergt es eine urgemütliche Teestube und ist von einem barocken Garten umgeben.

Wenn Sie in Wedel Tee trinken, nett plaudern oder kulturellen Austausch pflegen möchten, gehen Sie am besten in die Schauenburgerstraße. Das Haus Nummer vier empfängt einen mit liebevoll restauriertem Fachwerk zwischen knorrigen Bäumen. Unter Holzbalken führt eine originalgetreu ausgestattete Diele in die gute Stube. Dort gibt es außer Tee und anderen Getränken auch Kuchen, Eis und kleine Speisen. Bildende Künstler, Musiker und Autoren stellen ihre Werke vor.

Noch bis 1964 diente das Haus der Reepschlägerei, dann verstarb Louis Warncke. Er wohnte und arbeitete hier zusammen mit seinem Bruder Carl. Die beiden waren in Wedel die letzten ihrer Zunft. Lange blieb es still in den Räumen. Das Haus, das der Stadt Wedel gehört, sollte abgerissen oder verkauft werden. Seit 1971 setzt sich eine Bürgerinitiative für den Erhalt ein, unterstützt von der oberen Kieler Denkmalschutzbehörde. Nun kümmert sich der Förderkreis Reepschlägerhaus e. V. um das Haus, das von 1976 bis 1977 renoviert wurde. Seitdem betreibt Werner Wietek die Teestube. Sie wurde behutsam in die denkmalgeschützten Mauern integriert. Historische Bauelemente wie Alkoven, »Utlucht« und »Trallentür« harmonieren mit dem Mobiliar. Warme Lichter und Kerzen schaffen Behaglichkeit. Die alte Reeperbahn gestaltete der Besitzer zu einem Garten im englischen Stil um. Die Farben Blau, Weiß und Rosa prägen sein in sich ruhendes Farbenspiel. Mit lauschigen Nischen und Sitzgruppen lädt er zum Verweilen ein, man lustwandelt zwischen Magnolienbüschen und einer Sammlung historischer Rosen. Ein barockes Ensemble mit Pavillon, Rosenrankgitter und ovalem Buchsbaumbeet spiegelt sich im Gartenteich.

Reepschlägerhaus · Teestube · Galerie, Konzerte und Lesungen
Mi–So 9–18 Uhr · Schauenburgerstr. 4 · 22880 Wedel
Tel. 04103/850 57 · www.reepschlaegerhaus.de · S 1 Wedel

Radisson BLU

FERNSICHT AM BAHNHOF DAMMTOR

20

Wer Hamburgs Stadtlandschaft mit den Augen erwandern möchte, sollte die Aussichtspunkte kennen. Das höchste Gebäude ist das Hotel Radisson Blu mit 120 Metern, direkt am Dammtor neben Planten un Bloomen. Hier können Sie Hamburg aufs Dach steigen, und den passenden Drink zum Weitblick gibt es auch.

Die Expedition ins Reich der Lüfte beginnt gleich am Dammtor. Das seit 2010 denkmalgeschützte 4-Sterne-Hotelhochhaus Radisson Blu, ehemals Plaza, entwarfen die Architekten Schramm und Pempelfort: eine imponierende Monumentalarchitektur aus neun gegeneinander verschobenen Segmenten mit einer Höhe von 120 Metern, 30 Stockwerken, 556 Zimmern. Komplett renoviert wurde es 2009. 10 000 neue Granitplatten leuchten nun an der Außenfassade. Der skandinavisch gestaltete Innenbereich des schwedischen Architekten Christian Lundwall vermittelt mit moderner Glasfront Weltgewandtheit. In vorfreudiger Erwartung geht es zu den fünf Fahrstühlen in der Lobby. Der tolle Blick erfordert zum Glück nicht den Körpereinsatz eines Gipfelstürmers. Mit Knopfdruck geht es in die 26. Etage (weitere zwei sind der Technik vorbehalten) zur Event-Location »Weinbar 26« in 118 Metern Höhe, mit offener Terrasse und Barbetrieb, die neuerdings bis zum 27. Stockwerk erweitert wurde. Überwältigend ist hier der Panoramablick Richtung Süden, Richtung Heimathafen. Viele Besucher sind überrascht, wie klein die Welt von hier oben aussieht.

Wer danach einen Aperitif braucht, fährt am besten runter zum »Bar & Restaurant Filini«, das mit klassischen italienischen Gerichten verwöhnt. Es befindet sich in der Lobby mit zwei Lounges zum Ausruhen und original Arne-Jacobsen-Egg-Chairs, aus denen man nie wieder hochkommt. 2013 feierte das höchste Haus Hamburgs seinen 40. Geburtstag. Was aber viele Hamburger nicht wissen, die Dachterrasse ist relativ neu. Erst seit 2014 erstreckt sie sich über 126 Quadratmeter mit ihrem grandiosen Blick.

Radisson Blu Hotel · Marseiller Straße 2 · 20355 Hamburg
Tel. 040/350 20 · www.radissonblu.com/hotel-hamburg
S-Bahnhof Dammtor, U 1 Stephansplatz

MAL WIEDER ZEIT FÜR KULTUR!

21 HEIMAT EINER ZEITWEILIG VERSTECKTEN GLOCKE

Sie ist das älteste Gotteshaus im Gebiet der Vier- und Marschlande, bezaubert mit Formenvielfalt, vereint stilistisch den Übergang vom Barock zum Rokoko und hütet einen Schatz: das einzige Überbleibsel aus dem ehemaligen Hamburger Dom, die Glocke »Celsa«.

Altengamme wurde als Gamma im 12. Jahrhundert urkundlich erwähnt, die Dorfkirche St. Nicolai anno 1247. Sie existierte aber bereits 100 Jahre zuvor, als die ersten Bauern die Vierlande besiedelten.

Ursprünglich eine einschiffige Feldsteinkirche, wurde ab 1637 an der Südseite ein Männer- und ein Frauenbrauthaus angebaut, weil der Mittelgang des Kirchenraums zu eng war.

Das Innere der Kirche mit am Tonnengewölbe funkelnden Goldsternen ist berauschend. Als 1747 die Kirche bei einem Sturm einstürzte, begann man, sie vollständig wieder aufzubauen. Seitdem sind farbenfrohe Werke einheimischer Volkskunst wie der Altar aus marmoriert bemaltem Holz, die Kanzel und fein gestaltete Intarsienarbeiten Ausdruck prachtvoller Barock-Rokoko-Ausstattungen. Älter sind der bronzene Taufkessel (1380) und zwei goldene Kronleuchter (1640). Die kuriosen 59 schmiedeeisernen Blumenstiele am Kirchengestühl dienten als Hutständer.

Mit der größten der drei Glocken »Celsa« (lat. hoch, aufgerichtet) hat es eine besondere Bewandtnis. Das gute Stück wurde als einziges Überbleibsel aus dem ab 1804 abgerissenen Hamburger Mariendom nach Altengamme verkauft. Der holländische Glockengießermeister Gerhard van Wou goss sie im 15. Jahrhundert am Glockengießerwall, sie läutet in tiefem »D«.

Während des Zweiten Weltkriegs wurde »Celsa« versteckt. Sonst hätte man sie vermutlich wie so viele ihrer Schwestern eingeschmolzen, aus ihrer Bronze Kanonen gebaut und gegen billige Stahlexemplare ausgetauscht. So wurde das Prachtstück auf seine Weise ein Mahnmal gegen Krieg und zudem Zeugnis des unabhängigen Geistes der hier lebenden Bevölkerung.

Ev.-Luth. Kirchengemeinde St. Nicolai zu Hamburg-Altengamme · Kirchenstegel 11
Tel. 040/723 52 36 · www.kirche-altengamme.de
Bus 120 Gemeindehaus Altengamme · Bus 228, 328, 428 Schule Altengamme

22 BACKSTEIN À LA BLINKY PALERMO

Rotklinkerfassaden gehören zu Hamburg wie das Wasser in die Elbe. Ganze Straßenzüge, ganze Stadtviertel sind daraus gemauert. Ein Bauwerk fällt aus der Reihe: Das Michaelis-Quartier an der Ludwig-Erhard-Straße. Es zeigt den Hamburger Backstein einmal anders.

Unbewusst ist es eine der am meisten betrachteten Fassaden Hamburgs: Genau dahinter steht der Michel. Passanten und Fahrende, die sich von der Reeperbahn nähern, sehen den Kirchturm über ihrem Dach hervortreten. All ihre Blicke konzentrieren sich auf das Wahrzeichen, dabei ist auch das vordere Gebäude etwas Besonderes. »Wie steht ein Haus zur Stadt? Wie verlängert sich der offene Geist einer Stadt in das Haus hinein?«, fragte sich der ausführende Architekt Otto Steidle (1943–2004). Dem soliden Backstein wollte er sich nicht zu sehr hingeben. Andererseits hielt er ihn für das Grundsätzliche und Beste der Hamburger Architektur. Also bekam das Michaelis-Quartier eine pixelartige Steinfassade in Rot, Schwarz, Weiß und Ockerrosa, eine Grafik des Künstlers Blinky Palermo (1943–1977) hatte ihn dazu inspiriert. Vorn zog eine Wirtschaftsprüfungsgesellschaft ein, im hinteren Teil des Quartiers leben Menschen in sonnengelb verputzten Häusern.

Stets betonte Otto Steidle den bewohnbaren Charakter von Bürobauten und den offiziellen Charakter von Wohnbauten. Im Jahr 2000 überquerte er in einem Unimog die Schweizer Alpen, um bei der 7. Architektur-Biennale in Venedig zu erscheinen. Die Ladefläche ließ sich zu einem gelb-roten Nomadenhaus ausklappen. Er sah die Zukunft nicht in sozialen Netzen, sondern in persönlicher Beweglichkeit. Der Architekt gestaltete Bauten in der Münchener Leopoldstraße, das Olympische Dorf in Turin und in China einen Wohnkomplex in Form eines Drachens. Zusammen mit Uwe Kiessler schuf er das Pressehaus Gruner & Jahr im Hamburger Hafen. Das geschah ohne Backstein, denn es stellt einen Ozeandampfer dar.

Michaelis-Quartier · Ludwig-Erhard-Straße 11–17 · 20459 Hamburg
S 3, S 1 Haltestelle Stadthausbrücke, Ausgang Michaelisstraße · U 3 Haltestellen Rödingsmarkt, Baumwall oder St. Pauli · Bus 36, 112 Haltestelle U-Bahn St. Pauli, Bus 6, 37 Haltestelle Michaeliskirche

DAS KREUZ MIT OFFENEM HERZ

23

Vor fast 20 Jahren leuchtete das Kreuz goldkupfern. Inzwischen durch Wind und Wetter rostbraun oxidiert, hat es immer noch seine mystische Anziehung: einmal kein Kruzifix des ausgezehrten, von Nägeln durchbohrten Jesus. Dieses strahlt Wärme aus.

Vielleicht wäre das Kreuz nie entstanden, hätte es der Bildhauer Adam Ostrowski nicht so schwer mit dem Glauben.

Die treibende Kraft seiner Werke ist der Dualismus. Ganz gleich, ob auf die Verbindung heterogener Materialien oder den Konflikt zwischen Gut und Böse in der Welt bezogen. Ihn forderte der Auftrag, ein Kreuz für das Gemeindehaus am Michel zu gestalten, heraus. Die Aufgabe bestand darin, ein Sinnbild der Einheit von Extremen zu schaffen als Gegenpol zum Drachen tötenden Erzengel Michael über dem Hauptportal.

Ein Holzmodell war eines von vielen behutsamen Anfängen, bevor er sich seinem Lieblingsmetall widmete. Die Kupferplatten, die er wählte, waren doppelt so stark wie die des Michelturms. Muskelandeutungen verschmolzen mit der Balkenform zu einem 3,40 Meter hohen Kreuz. Das große, offen gelegte Herz spiegelt das Leid Christi eher als Erlösung denn als Schmerz wider – Leben, nicht Tod ist hier die Aussage. Ostrowski wurde beinahe unter dem Kreuz vergiftet, als er Dämpfe, ohnmächtig vor Anstrengung, durch das Schweißen inhalierte. Er sprach von seiner größten schöpferischen Arbeit: »Ich musste es ganz von innen heraus machen.«

Auf dem Weg zum Wahrzeichen der Stadt zum »Hamburger Gipfel« mag sich mancher beim Blick auf das Kreuz fragen, was es bedeutet. Für den Bildhauer Ostrowski ist das Zentrale »die Liebe«, ebenfalls ausgedrückt mit dem offenen Herzen. Sie gelingt nicht mit dem Verstand: »Das Herz hat seine Gründe, die der Verstand nicht kennt. Es ist das Herz, das Gott empfindet, und nicht der Verstand. Darin besteht der Glaube« (Blaise Pascal). Daran wird uns Ostrowskis Kreuz immer erinnern, auch wenn es mit Patina überzogen graugrün schimmert.

St. Michaelis (Michel) · Englische Planke 1 · 20459 Hamburg
U 3 Baumwall · Bus 112, 37 Michaeliskirche

24 WO ZAPPA FÜR BACH SPIELT

Unter den fünf Hauptkirchen, deren Türme die Silhouette der Hansestadt prägen, gibt es eine besondere: St. Katharinen am Rand der Speicherstadt. Ein Grund ist die Stiftung Johann Sebastian Bach, welche die Rekonstruktion der 1943 zerstörten Orgel finanzierte. Die niederländische Orgelbaufirma Flentrop baute unter Verwendung von 520 erhaltenen originalen Pfeifen das Großinstrument mit 61 Registern ein. In Katharinen spielte Johann Sebastian Bach 1720 sein legendäres Vorspiel auf einem »in allen Stücken vortrefflichen Werk« – so das Lob des Barockkomponisten. Ein anderer sind die Konzerte »Zappa spielt für Bach«. Die Universitätskirche bietet neben Gottesdiensten und großen Kirchenmusiken ein vielfältiges Programm von Ausstellungen, Lesungen, Vorträgen bis hin zu Konzertreihen wie der »Lausch-Lounge«.

Hauptkirche St. Katharinen · Katharinenkirchhof 1 · 20457 Hamburg
Tel. 040/30 37 47 30 · www.katharinen-hamburg.de · www.zappanale.de
U 1 Meßberg · MetroBus 4 und 6 Brandstwiete · Bus 3, 31, 35 Rödingsmarkt

25 KEINE KOHLE ZUM DICHTEN

Der Dichter Heinrich Heine lebte, liebte und litt von 1816 bis 1819 bei seinem jüdischen Onkel in Hamburg und bezeichnete diese drei Jahre als »Elysium und Tartarus zu gleicher Zeit«. Sein ewiger Geldmangel endete erst, als er seinen Verleger Julius Campe fand, der Heine zum Durchbruch verhalf. Der Poet aus Düsseldorf schrieb in seiner Hamburger Zeit mit »Schöne Wiege meiner Leiden« die bissigsten, aber auch elegantesten Anmerkungen zur hanseatischen Gesellschaft. Lieblingsort Heines war das Grab des Dichters Friedrich Gottlieb Klopstock an der Christianskirche in Altona. Eine große Gedenkplakette für den Hausdichter Heinrich Heine (1797–1856) finden Sie an einem massiven Quader neben dem Fußweg zum Hoffmann und Campe Verlag. Es ist das einzige und älteste Hamburger Denkmal des Dichters, das das Dritte Reich überdauert hat.

HOFFMANN UND CAMPE · Harvesterhuder Weg 42 · 20149 Hamburg
U 1 Klosterstern

HEINE

DEUTSCHES MALER- UND LACKIERER-MUSEUM

26

Über einen Beruf der besonderen Art informiert ein Museum in der Marschlandschaft: das uralte Handwerk des Malers und Lackierers. Noch Mitte des 19. Jahrhunderts besaßen die Meister hohe Kunstfertigkeit, beherrschten Freskenmalerei oder Stuckarbeiten genauso wie figürliche Kutschenlackierung.

Jeder von uns hat schon meisterhafte Deckengemälde, Wandtapeten oder Stuckarbeiten bewundert. Ein schwieriges Handwerk, das es damals für einen Maler zu erlernen galt.

Östlich von Billwerder befindet sich in einem Glockenhaus das Maler- und Lackierer-Museum. Die Ausgestaltung der Erdgeschossräume mit täuschend echt wirkenden Stoffdrapierungen, Wandgliederungen und Blumengirlanden ist sehenswert. Noch beeindruckender aber ist die zufällig wiederentdeckte barocke Bemalung der Holzdecke von 1630 im Obergeschoss, die vollkommen erhalten unter einer Abhängung vor sich hinschlummerte. Seit 2001 wird in der umgestalteten Scheune die Geschichte des Handwerks der vergangenen 300 Jahre gezeigt.

Angefangen hat alles im Jahr 1981. Auf Anregung des damaligen Obermeisters Joachim Germann wurde der Beschluss gefasst, ein Hamburger Maler- und Lackierer-Museum zu gründen. Im Lauf der Zeit sammelten Ehrenamtliche aber so viele Ausstellungsstücke, dass bis 1984 Material der letzten 800 Jahre zusammenkam. Fahnen, Silbergeräte und schriftliche Dokumente im Hauptgebäude verweisen auf die lange Tradition der Ämter und Innungen.

Schon im Mittelalter verehrten die Lukasgilden den Evangelisten Lukas (Maler von Marienbildern) als ihren Schutzpatron. Alljährlich geht es an jedem letzten Freitag im Oktober in die Hauptkirche St. Jacobi zum St. Lukasfest, auf dem die Jungmeister feierlich verabschiedet werden – immer dabei sind vier Hamburger Innungsfahnen aus dem Foyer des Museums und der wertvolle Deckelpokal der Zunft aus dem Silbersaal.

Deutsches Maler- und Lackierer-Museum · Billwerder Billdeich 72 · 22113 Hamburg-Billwerder
Tel. 040/733 87 06 · Infos über Öffnungszeiten: Maler- und Lackierer-Innung · Tel. 040/34 38 87
www.malermuseum.de · Bus 330 Maler- und Lackierer-Museum

27 HAMBURGISCHE GESCHICHTCHEN

Vor den Fenstern rauscht der Berufsverkehr auf sechs Spuren. Nah sind das Treiben auf der Reeperbahn, der Rummel auf dem Heiligengeistfeld. Im Inneren des kleinen Gebäudes, 24 klassizistisch gerahmte Quadratmeter, rückt all dies in weite Ferne.

Da sind nur noch das grüne Polstersofa, das Tischchen, auf dem Kaffee dampft, und ein ganz heimeliges Licht. Entspannt lehnt Dieter Wagner sich zurück. Er kann nun jemandem sein persönliches Hamburger Geschichtchen erzählen: Heute sitzt Line Kippes auf dem Sessel gegenüber, neben ihr läuft eine Kamera. Die Situation sieht nach Interview aus und ist doch anders. »Ich stelle möglichst keine Fragen, hier geht es um das Erzählen«, sagt die Kulturanthropologin und ehrenamtliche Zuhörerin. Schweigend lauscht sie den Worten, nickt bisweilen verstehend.

Die Geschichte, die Dieter Wagner erzählt, handelt vom Sonnenland. Sie beginnt mit dem Plakat »Student trifft Rocker«, das ihn 1967 dazu brachte, sich für das Stadtteilprojekt in Billstedt zu engagieren, einen Brennpunkt, damals berüchtigt für Umtriebige in Leder und Nieten. Er erzählt davon, wie es war, als Psychologiestudent Sozialarbeit zu leisten, während man gegen das Establishment rebellierte. Mündliche Überlieferungen wie diese tragen zur Dokumentation der Stadtgeschichte bei. Deshalb gibt es seit Oktober 2013 das Museum für Hamburgische Geschichtchen. Die alte Millerntorwache verwandelte sich in einen gemütlichen Ort zum Erzählen und Zuhören. Jeder darf zum Erzähler werden, ob Alteingesessener, Quiddje oder Tourist. Sei es, ob man dabei war bei der großen Sturmflut 1962 oder eine kleine Anekdote preisgeben möchte. Bei Zustimmung werden die Geschichten aufgezeichnet, im Hamburg Museum archiviert und auf dessen Homepage veröffentlicht. Geschichte schrieb auch die kleine Wache selbst. Im 17. Jahrhundert das Haupttor der befestigten Stadt und 1819 neu errichtet, stand sie 30 Meter weiter. Ein Kran beförderte sie 2004 an ihren heutigen Platz.

Museum für Hamburgische Geschichtchen · Termine, Fragen und Informationen zum Museum unter: 040/334 02 16 · Millerntordamm 2 (am Rand der Wallanlage)
U 3 St. Pauli, Bus 112 · www.millerntorwache.org

28 BILDENDE KUNST STATT MARKTGEMÜSE

Es ist der einzige Ort für die Präsentation Hamburger Künstler. Richtig auf dem Plan hat man das Kunsthaus nicht. Sollte man aber, denn die jährlichen Themenausstellungen sind anregend und erweitern den Horizont. Wenn Sie mehr über Künstlerszene, Avantgarde und Newcomer wissen möchten, sind Sie hier bestens aufgehoben.

Aus dem abgerissenen gelben Glas-Klinkerbau am Ferdinandstor ging 1962 das Kunsthaus hervor. Die neuen Räume wurden 1993 in den Markthallen eröffnet. Die typisch hanseatischen Backsteingebäude von Stadtplaner Fritz Schumacher dienten 1913 zunächst als Gemüse-, später als Blumenhallen und nach dem Krieg als Sacklager der Post. Die Neustrukturierung des gesamten Gebäudes erfolgte dann im Jahr 1995.

> Schräg gegenüber befindet sich die »Arena« auf dem Dach des ehemaligen Karstadt Sports. Im Sommer kann man hier inlineskaten und eine Etage tiefer gibt's eine Dachterrasse.

Die Institution ist ein Haus für Hamburger Künstler mit dem Schwerpunkt zeitgenössische Kunst und jährlich acht bis zehn Ausstellungen. Leiterin ist seit 2014 Katja Schroeder, vorher war es 20 Jahre lang Claus Mewes, Gesellschafter sind der Berufsverband Bildender Künstler (BBK), der Verein Neue Kunst in Hamburg, die Griffelkunst-Vereinigung und der Medienunternehmer Frank Otto.

Was nicht bekannt ist: Dem Kunsthaus stehen immerhin der 500 Quadratmeter große Ausstellungsraum, die fast ebenso große Barlach-Halle und das luftige Foyer für Präsentationen zur Verfügung.

Einmal jährlich werden Ausstellungen des BBK, Arbeiten der Künstler des Hamburg-Stipendiums und des Kulturaustauschprogramms gezeigt. Das Kunsthaus beteiligt sich zudem an übergreifenden Veranstaltungen wie der Fototriennale sowie dem Architektur-Sommer. Einzelausstellungen widmen sich Retrospektiven oder besonderen Projekten.

Kunsthaus Hamburg · Di–So 11–18 Uhr · Eintritt 5 Euro, erm. 3 Euro · Klosterwall 15
20095 Hamburg · Tel. 040/33 58 03 · www.kunsthaushamburg.de
U 1 Steinstraße oder Busse · U-Bahn bis Hauptbahnhof, von dort 5 Gehminuten

PSYCHEDELISCHE SPENDE VOM SPIEGEL

29

Betrachter könnten sich fragen, wie es den Redakteuren des Nachrichtenmagazins gelang, nach dem Mittagessen mit kühlem Kopf investigativen Journalismus zu betreiben. Man kann die in poppigen Mustern und Knallorange gehaltenen Räume aber auch als Designkunstwerk der 1960er-Jahre sehen.

Die Kantine stammt aus der Zeit, als sich Verlag und Redaktion noch an der Ecke Ost-West-Straße/Brandstwiete befanden. Hinter der nüchternen Fassade des Glasturms erwartete die Mitarbeiter ein Interieur, das der SPIEGEL selbst als »lustig-sinnliches Inferno leuchtender Farben und schwellender Formen« bezeichnet. Kreiert wurde es von dem dänischen Designer Verner Panton (1926–1998). Damals vor allem für seine psychedelischen Innenräume bekannt, schuf er Rauminstallationen, die in Form- und Farbgebung zum Zeitgeist der 1960er-Jahre passten. Bis zum zehnten Stock hinauf schillerten die Ressortflure in poppigen Tönen. In Foyer, Schwimmbad und Konferenzraum prangten Lichttapeten aus Schalenformen an Wänden und Decken.

Ab den 1980er-Jahren empfand man die Einrichtung als unpassend. Der Eingangsbereich wurde in grauschwarzen Granit gefasst, die Ressorts ließen ihre Flure weiß streichen und dezentere Teppiche verlegen. Die berühmte Kantine durfte bleiben. Bürgerinitiativen setzten durch, dass das aus drei Räumen bestehende Ensemble im Jahr 1998 unter Denkmalschutz gestellt wurde. Die Mitarbeiter speisten weiterhin in orangefarbenen, roten und violetten Raumkunstwerken. Passanten äugten neidisch: Journalist hätte man werden sollen. Seit 2012 dürfen alle das Verpasste nachholen. Im Museum für Kunst und Gewerbe wurden der orangefarbene Speiseraum und die Snackbar der Öffentlichkeit zugänglich gemacht. Der SPIEGEL schenkte sie dem Museum nach seinem Umzug in die Hafencity. Andere Teile der Kantine nahm er mit in die neue Snackbar. Schließlich können auch Redakteure mal Sehnsucht bekommen.

Museum für Kunst und Gewerbe · Di–So 10–18 Uhr, Do bis 21 Uhr (an oder vor Feiertagen 10–18 Uhr) Eintritt 12 Euro, erm. 8 Euro, Do ab 17 Uhr 8 Euro · Steintorplatz · 20099 Hamburg Tel. 040/428 13 48 80 · www.mkg-hamburg.de · U- und S-Bahn Hauptbahnhof

30 DER GROSSE ELBEBETRUG

Die Elbkarte aus dem Jahr 1568 diente dem Hamburger Rat erfolgreich als Beweismaterial vor Gericht. Der beauftragte Flensburger Maler Melchior Lorichs zeichnete sie sehr detailgetreu, allerdings wurde dabei ein wenig getrickst.

Mit abenteuerlichen zwölf Metern Länge und fast einem Meter Höhe ist diese Karte die älteste und längste Gesamtansicht der Niederelbe. Sie zeigt das Gebiet von Geesthacht bis in die Elbmündung. Geheimnisvoll vom Tageslicht abgeschirmt, ruht das kostbare Original im Melchior-Lorichs-Saal des Hamburger Staatsarchivs. Anlass der Herstellung dieses Gesamtbilds war der Streit der Stadt Hamburg mit Harburg an der Süderelbe und Stade, Buxtehude sowie Lüneburg (Herzogtum Braunschweig und Lüneburg) am südwestlichen Ufer der Unterelbe um die Hoheit über die Elbe und die Zolleinnahmen (Stapelrecht). Die Städte meinten, das von Kaiser Friedrich III. verliehene Stapelrecht bezöge sich nur auf die Norderelbe, nicht aber auf die Süderelbe als Hauptstrom der Elbe. Somit hätten sie ein Recht auf freie Schifffahrt. Die Hamburger beanspruchten aber das Recht allein für sich, denn für sie war die Elbe ein einheitlicher Strom mit der Norderelbe als Hauptarm, den sie überdies zum Schutz der Schifffahrt mit Tonnen und Leuchtfeuern gesichert hätten. Es ging also hauptsächlich um die Frage, ob die Süderelbe oder die Norderelbe der größere Fluss war.

Nach vorheriger telefonischer Anmeldung kann die Karte besichtigt werden. Tel. 040/428 31 32 00 oder (Zentrale) 040/428 31 31 42.

Als Beweis diente Lorichs Elbkarte, die die Norder- gegenüber der Süderelbe in unrealistischem Maß vergrößert zeigt – was auch so gewollt war. Die Gegenpartei hatte eine qualitativ »schlechtere Elbkarte« von circa 1555 vorgelegt. Abgesehen von der Mogelei ist sie mit ihrer Genauigkeit und ihrem Detailreichtum eines der aufschlussreichsten Dokumente der Topografie des Unterelberaums im 16. Jahrhundert.

Staatsarchiv Hamburg · Kattunbleiche 19 · 22041 Hamburg
Tel. 040/428 31 31 43 · www.hamburg.de/staatsarchiv
U 1 Straßburger Straße

DAS BRILLENMUSEUM IN WINTERHUDE

31

An diesem Ort ist alles unter einem Dach: von der Scherenbrille, wie sie Goethe trug, über die Original Elvis-Presley-Brille aus den Siebzigern bis hin zu Sehhilfen des 21. Jahrhunderts. Auf Wunsch zaubert man für Sie sogar aus einem nostalgischen Einzelstück mit modernen Gläsern das eigene Brillen-Traumstück.

Wer weiß schon, wie der Name »Brille« zustande kam? Im Brillenhaus Wilke lernt man, dass im Mittelalter geschliffene Halbedelsteine als Lupen zur Vergrößerung eingesetzt wurden. Diese geschliffenen Lesesteine hießen im Mittelhochdeutschen »Berylle« (lat. beryllus), klare Kristalle. Aus Beryll wurde später »Brill« bzw. Brille, wenn es zwei Gläser waren.

Bereits der Mathematiker Archimedes (um 287–212 v. Chr.) untersuchte das Verhalten des Lichts bei der Brechung. So soll er bei der Arbeit an seinem Kopf einen Kristall befestigt haben, der vergrößernd wirkte. Auch die vergrößernde Kraft von Wasser, um Dinge schärfer zu sehen, wurde früh erkannt. Seneca schrieb im ersten Jahrhundert: »Kleine und undeutliche Buchstaben erscheinen schärfer und größer, wenn man sie durch eine mit Wasser gefüllte Kugel betrachtet.« Plinius (23–79 n. Chr.) erwähnte in »Naturalis historia«, dass Nero einem Gladiatorenkampf mit einem Monokel in Form eines grünen Smaragds zuschaute.

Wenn Sie diese und viele andere ungewöhnliche »Brillengeschichten« einmal selbst hören möchten, fragen Sie am besten Karl Heinz Wilke, den Erfinder der Verbindung von Optikfachgeschäft und Museum. Er besitzt sowohl Sehhilfen aus Pappmaschee als auch Mandarinbrillen aus Schildpatt der verschiedenen Dynastien Chinas (links oben abgebildet). Das Bambusetui ist mit Fischhaut überzogen. Seine Sammelleidenschaft führte zur Gründung des Brillenmuseums im Jahr 2000 mit über 500 Exponaten aller Epochen und Länder. Die größten, kleinsten, sonderbarsten, individuellsten oder ältesten Brillen der Welt können Sie hier finden und kaufen. Einmalig in Hamburg!

Brillenhaus und Brillenmuseum Wilke · Mo–Fr 10–13, 14–18 Uhr, Sa 10–13 Uhr, Besuch des Brillenmuseums nach Absprache · Jarrestraße 37 · 22303 Hamburg Tel. 040/270 82 91 · www.brillenhaus-wilke.de Bus 173 oder 172 Jarrestraße · U 3 Saarlandstraße

KREATIVE INSEL AUF DEM ÜBERSEERING

32

An Kunst denkt kaum jemand bei der City Nord. Verschachtelte Bürokomplexe formen eine kühle Welt aus Beton und Glas. Doch es gibt hier einen überaus kreativen Ort. In der Galerie ShrineArt kreiert der Künstler Josef Greiner Möbelskulpturen. Auch Gemälde werden ausgestellt.

Einen Thron zu besteigen ist etwas anderes, als sich auf einen Stuhl zu setzen. So unterscheiden sich die ausgestellten Stücke von dem, was man gemeinhin mit Möbeln verbindet. Darunter eine wahrlich majestätische Sitzgelegenheit. »Bei einer Möbelskulptur geht es darum, den Gebrauch bewusster zu machen«, erklärt der Künstler. Seine Sammlerleidenschaft brachte ihn auf die Idee. Teile, die er in seiner Umgebung findet, fügen sich zu Möbelskulpturen. Sie heißen dann zum Beispiel *Schlittenhocker*, *Sockelmumie* oder *Hochzeitsschrein*. Jedes der Werke ist ein Unikat und lässt sich auf besondere Weise verwenden. Das Wissen um den Möbelbau vereint sich mit dem Kunstbegriff, auch der Umweltgedanke fließt mit ein.

Bei den wechselnden Ausstellungen in der Galerie ShrineArt treten die Möbelskulpturen von Josef Greiner in einen spannenden Dialog mit den Bildern verschiedener Künstler.

Mit dem »Upcycling« begann Josef Greiner bereits 1996, lange bevor es ein Trend wurde. Seitdem sammelt er viele Dinge. Ihr verborgener Wert erschließt sich anderen oft erst, wenn sie in seinem Atelier in neuer Formgebung erwachen: Besteck, Türgriffe, Massivholz, Maschinenteile, Wasserwaagenrohlinge, Glas und Muscheln zum Beispiel. Der gelernte Bau- und Möbelschreiner studierte Kunst in Hamburg. Er liebt es, mit altem Werkzeug zu arbeiten: »Manches ist schon eine Antiquität.« So verströmt das Atelier mit seinen drei Ausstellungsräumen einen Charme, der ein wenig an ein Museum erinnert – eine kreative Insel im Bürograu des Überseerings.

Studio & Galerie ShrineArt · Mo–Fr 12–18 Uhr und nach Vereinbarung · Überseering 23–25
22297 Hamburg City Nord · Tel. 040/89 49 77 · www.shrineart.de
Bus bis Haltestelle Kapstadtring, S-Bahn Rübenkamp, U-Bahn Sengelmannstraße

33

KULTUR IM TORHAUS DER VON KURTZROCKS

In der Natur sich erholen, Kultur erleben oder Wohnarchitektur mehrerer Jahrhunderte bewundern: Dieses Landgut verschafft Ihnen ein Gefühl des Durchatmens. Die Vollendung des Glücks ist der malerische Wanderweg dorthin, am Ufer der Alster entlang.

Am Oberlauf der Alster liegt unter mächtigen Eichen und Buchen das einstige Gut Wellingsbüttel mit barockem Herrenhaus und Torhaus der Freiherren von Kurtzrock. Wellingsbüttel gelangte mit dem westfälischen Frieden 1648 unter schwedische Herrschaft. Königin Christina erklärte 1651 das Adelsgut zum freien Besitz, das keine Steuern mehr zahlen musste. Der Familie von Kurtzrock, seit 1673 die Grundbesitzer, kam der Sonderstatus sehr gelegen. 133 Jahre besaßen sie das souveräne Landgut, bis sich Clemens

August von Kurtzrock 1806 hartnäckig der Landesregierung widersetzte. Das Gut wurde besetzt und noch im selben Jahr musste von Kurtzrock an König Friedrich VI. von Dänemark verkaufen.

Noch heute können Sie den vornehmen Glanz an diesem Ort spüren. Er dient häufig als Kulisse für Hochzeiten. Das Standesamt hat hier eine Außenstelle und man kann sich auf dem ehemaligen Heuboden des Torhauses trauen lassen. Im Herrenhaus ist nach einer Komplettrenovierung eine Senioren-Residenz mit Café entstanden. Im Torhaus finden Sie das Alstertal-Museum mit sehenswerten Ausstellungen über die Oberalster-Lastschifffahrt von 1448 bis 1910, die elektrische Kleinbahn Rahlstedt–Wohldorf, Heimatkundliches über die nördlichen Stadtteile und die prähistorische Epoche des Alsterraums. Im gegenüberliegenden Trakt erwartet Sie dann noch mehr Kultur und zwar wechselnde Ausstellungen lokaler Maler, Konzerte oder Lesungen – fast 60 Termine im Jahr!

In Ohlsdorf ein Kanu mieten und den gesamten Alsterlauf hinauf bis zum Rodenbecker Quellental paddeln.

Torhaus Wellingsbüttel / Alsterverein e. V. · Öffnungszeiten siehe Homepage · Wellingsbüttler Weg 75 A · 22391 Hamburg · Tel. 040/536 66 79· www.alsterverein.de/torhaus-museum
S 1, S 11 Haltestellen Kornweg, Hoheneichen, Wellingsbüttel, Poppenbüttel

ALLEN

INNEN POPPIG, MIT LANGER TRADITION

34

Ein leuchtendes Beispiel für internationale Sammlungen ist die Galerie LEVY. Viele Jahre schon garantiert sie mit ausgewählten Ausstellungen ästhetische Höhenflüge. Surrealismus, Nouveau Réalisme und Pop-Art sind die Schwerpunkte. Hier wird den Bilder-Genies professionelles Ausstellungsmanagement geboten.

Alles begann mit der Pelztasse von Meret Oppenheim – der wichtigsten Künstlerin in Thomas Levys Leben. Er hat sie noch persönlich gekannt, stand in langer freundschaftlicher Beziehung zu ihr und betreut heute ihren Nachlass. Abgebildet ist ihre Collage unter gewölbtem Glas »Andenken an das Pelzfrühstück« von 1972. Eigentlich wollte der Bankierssohn Filmregisseur werden, bevor er 1970 als 23-Jähriger seine erste Galerie in Hamburg eröffnete. Weitere folgten in Paris, Madrid und Berlin.

Mit entspannter Leidenschaft stellt er Kunst mit internationalem Renommee aus und ist die Topadresse für bedeutende Künstler wie Daniel Spoerri, die Pop-Art-Vertreter Allen Jones, C. O. Paeffgen, Antonio de Felipe und Mel Ramos. Auch Dadaismus, Surrealismus und Expressionismus gehören zu seinen Vorlieben. Früher einmal in einem Loft mit verwunschenem Skulpturengarten, tut der neue Standort in Harvestehude der hochwertigen Kunst aber keinen Abbruch. Sohn Alexander Levy leitet eine Dependance in Berlin.

Zahlreiche Arbeiten befinden sich im Besitz des gebürtigen Hamburgers: von Chagall über Lyonel Feininger bis hin zu Man Ray und natürlich von Oppenheim. Eine gute Voraussetzung, um auch Museumsausstellungen weltweit zu organisieren. Bekannt war die Show über Marilyn Monroe »Legende, Mythos und Ikone« im Kunsthaus Hamburg in 2006, die ebenfalls in Madrid, USA und Japan zu sehen war. 2013 widmete er Meret Oppenheim zu ihrem 100. Geburtstag eine große Retrospektive in Berlin. Zuletzt sah man Papier-Miniaturen verfremdeter Figuren von Friedrich Einhoff.

LEVY Galerie· Öffnungszeiten siehe Homepage · Hagedornstraße 47 6 · 20149 Hamburg
Tel. 040/45 91 88 · www.levy-galerie.de
U 1 Klosterstern

KOPPELUNG VON NAH UND FERN

35

Wer sich beim Betreten der Hamburger Staats- und Universitätsbibliothek nach links wendet, sieht eine mit bunten Männchen, Figuren und Symbolen bemalte Hausfassade. Das Werk heißt: »Theorie in Hamburg« und stammt von dem Künstler A. R. Penck.

Auf 25 mal 18 Metern fensterloser Hauswand hinterließ Penck im Jahr 1989 seine unverwechselbare Bildsprache. Zu der Zeit war der Dresdener Künstler 50 Jahre alt und bereits durch mehr als 150 Ausstellungen in Westeuropa, Japan und den USA bekannt. Welche Botschaft er auf dem Wohnhaus in der Schlüterstraße Nr. 5 vermitteln wollte, steht auf der Fassade unten links: Theorie in Hamburg. NÄHE FERN gesehen, FERNE nah gesehen, WELT GESCHEHEN, WELT VERSTEHEN. Die Signatur darunter verdeutlicht, dass sein Dresdener Künstlerfreund Helge Leiberg (*1954) an dem Werk beteiligt war. Verblüffend an dem Titel ist »die ungewöhnliche und eher unwissenschaftliche Koppelung von nah und fern«, grübelt die Hamburger Kulturbehörde, »denn Nähe und Ferne sollen hier in umgekehrtem Verhältnis zueinander betrachtet werden«.

Im Parterre der Staatsbibliothek können Sie kostenlose Ausstellungen zu Themen aller Art besuchen – von Literatur über Kunst bis hin zu Persönlichkeiten der Wissenschaft.

Dabei wollte A. R. Penck es eigentlich gar nicht so kompliziert machen. Er heißt mit bürgerlichem Namen Ralf Winkler und prägte den Begriff »Standart«, eine Kunst, die ihre Aussage durch einfache Strukturen vermittelt, sodass sie sich jedem Betrachter erschließt. Inspiriert von Mathematik und Kybernetik schuf er einfache Symbole. Auch das Strichmännchen taucht häufig in seinen Werken auf. Im Wandbild bei der »Stabi« ist es unter anderem oben links in mehrfacher Ausführung zu erkennen. Raum für Interpretationen bleibt dennoch reichlich. So kann man in dem Symbol oben rechts eine Malerpalette sehen, aber auch einen fliegenden Schinken.

Staats- und Universitätsbibliothek · Von-Melle-Park 3 · 20146 Hamburg
neben dem Eingangsbereich S 21, S 31 bis Bahnhof Dammtor · Bus 102 Richtung Niendorf-Markt
Haltestelle Staatsbibliothek

36 BRONZELEBEN VOR HOHEN HÄUSERN

Im Zuge des Projekts »Kunst am Bau« wurden ab 1951 Künstler aus der Hamburger Region angeregt, Kunstwerke im öffentlichen Raum zu gestalten. Die aufgestellten modernen Freiplastiken, etwa bei den Grindelhochhäusern, sollten zu neuem Lebensgefühl verhelfen.

Die gestalterische Aufgabe von »Kunst am Bau« bestand darin, einen Zusammenhang zwischen Wohnbebauung und Menschen herzustellen. Mit Kunst vor der Haustür wurde versucht, Wohnhöfen, Grünanlagen oder hinter großen Plätzen eine mentale Orientierung zu geben, Fragen aufzuwerfen, Identität zu stiften – oder sie bei einem Spaziergang zu entdecken. Fünf Bronzeskulpturen der Künstler Barbara Haeger, Ursula Querner, Fritz Fleer, Karl August Ohrt und Hans Martin Ruwoldt prägen seit 1956 die Parkanlage der Hochhäuser am Grindel. Die bronzene große nackte Frau lehnt entspannt an einer kleinen Mauer und hat die Knie angewinkelt. Gestützt auf Hand und Ellenbogen, befindet sie sich an der Hallerstraße. Die *Große Liegende* von Barbara Haeger drückt mit ihren weich fließenden Formen sowohl Bewegung als auch Gelassenheit aus. Auf einem Hügel befindet sich eine Bronzeplastik von Ursula Querner: Ein Junge, der einen Stock in der rechten Hand hält, reitet auf einem Esel. Dann steht auf einer Rasenfläche eine nackte männliche Figur mit einem Speer in beiden Händen, *Großer Speerträger* von Fritz Fleer, der menschliche Werke auf wenige Bewegungsmotive reduziert. Geht man weiter, beeindruckt Martin Ruwoldts *Schreitende*. In der Nähe eines kleinen Teiches schließlich sind die stilisierten Schwäne von Karl-August Ohrt aufgestellt. Einer sich krümmend, der andere sich reckend, wirken sie sehr realistisch.

Beliebtes Ziel in den Grindelhochhäusern ist der Paternoster und die »Cafeteria 66« im Bezirksamt Eimsbüttel.

Doch die modernen Kunstwerke stießen nicht nur auf Anklang. Die Hamburger Stadtväter ernteten zu dieser Zeit wenig Dank für ihr Bemühen und der *Großen Liegenden* malte man sogar einen Büstenhalter.

Grindelhochhäuser · zwischen den Straßenzügen Grindelberg, Hallerstraße, Brahmsallee und Oberstraße · U 3 Hoheluftchaussee oder Metrobus Bezirksamt Eimsbüttel

BÜCHER
BÜCHER

BÜCHER
BÜCHER
BÜCHER

EIN LITERARISCHES KNUSPERHÄUSCHEN

37

Gelehrte stumme Stube im Grünen gefunden: friedliches Lesen und Stöbern möglich, ausgewähltes Sortiment, frei von Nippes, Geschenkideen und Couchtisch-Büchern zum Sonderpreis. Nach diversen Besuchen bekommt man Anfälle von Lesesucht.

An der Rothenbaumchaussee/Ecke Hallerstraße steht fast unsichtbar im Grünen ein winziger Holzpavillon mit drei langen Glasfronten. Blickt man durch die großen Scheiben, liegen dort Bücher – überwiegend Neuerscheinungen. Beim Betreten knarrt der Boden, ein gemütlicher Raum prall mit Büchern gefüllt.

1948 wurde dieses Kleinod vom Architekten Werner Kallmorgen als Freundschaftsdienst für die damalige Inhaberin Greta Stolterfoht entworfen – liebevoll auch »Stoltergretchen« oder »literarisches Knusperhäuschen« genannt. Damals noch am Anfang seiner Karriere, ist Kallmorgen heute für den Kaispeicher A und das SPIEGEL-Hochhaus berühmt. Ursprünglich als Provisorium gedacht, wurde die Bücherbude im Lauf der Zeit zur Institution.

Seit 1997 ist Buchhändler Frank Bartling der Gralshüter. Er führt das Erbe mit Authentizität und ordnet sich keinem Mainstream unter. Nach unten hin sind Donna Leon oder Henning Mankell »die Grenze«. Nach oben hin ist alles offen. Das Sortiment soll interessant sein, und so sind auch ältere Titel weiter vorrätig. Er kennt die Vorlieben und Wünsche seines bibliophilen Publikums und schenkt langjährigen Lesemuffeln wieder Freude am gedruckten Wort. Trotzdem hat das Lesen seine Konjunkturkurven und die Wirtschaftskrise macht sich auch hier bemerkbar.

Zuweilen schwächelt der zierliche, weiß gestrichene Bau und müsste dringend renoviert werden. Der anheimelnden Stimmung mit Lesemöglichkeiten, Gummibärchen und Spendenschweinchen »für eine neue Markise« auf dem Tresen tut dies keinen Abbruch. Und so wird bei Dunkelheit diese besondere Box mit ihrem gelben Licht weiter leuchten wie eine kleine literarische Tankstelle.

Bücherstube Stolterfoht · Mo–Fr 10–18.30, Sa 10–13 Uhr
Rothenbaumchaussee 100 · 20149 Hamburg · Tel. 040/410 15 80 · U 1 Hallerstraße

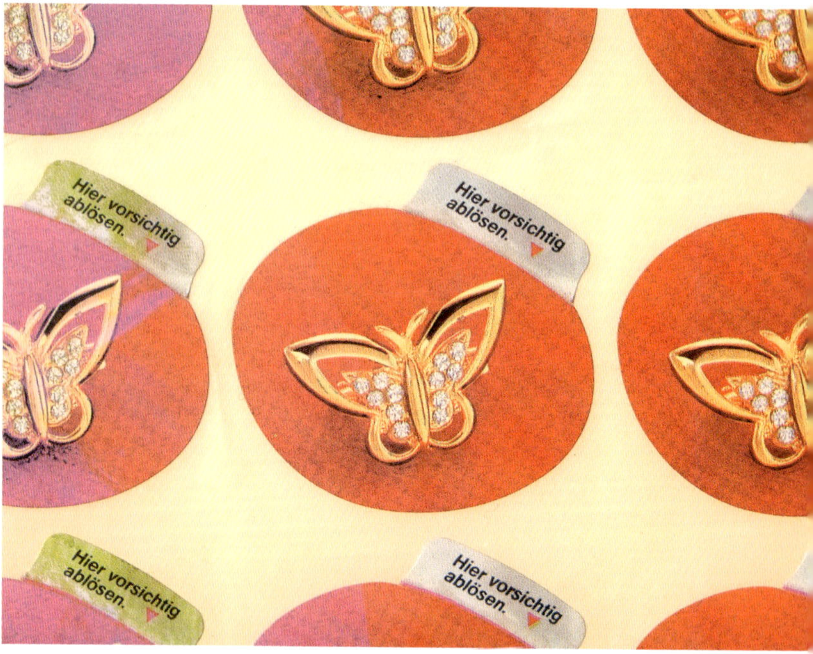
Hier vorsichtig ablösen.
Hier vorsichtig ablösen.
Hier vorsichtig ablösen.
Hier vorsichtig ablösen.

SCHMETTERLINGE IM PHILOSOPHENTURM

38

Die geniale Erfindung von Markus Diehl war eher eine Findung. Denn die Möglichkeit, 1986 im beginnenden digitalen Zeitalter Kunst mit Aufklebern zu machen, ging überall auf der Welt: globalisierte Abfallprodukte. Diehl, auch »Pop.AC« oder »Art Collart«, sah seine Lebensprämissen erfüllt: Intuition und Reisen.

Im kleinen Altbauatelier und gleichzeitig der Wohnhöhle von Markus Diehl stapeln sich Kleberollen zu Hunderten fein säuberlich in Regalen bis unter die Decke. Alles Werbeaufkleber-Abfallprodukte, überflüssig geworden im digitalen Zeitalter. Er macht daraus großformatige Collagen. Der Ort, an dem er sie platziert, soll öffentlich zugänglich sein wie das Foyer des Philosophenturms der Universität. In seinem verblichenen Werk *Metamorphose* von 1989 vermitteln 900 Schmetterlingssticker sinnbildlich die geistige Entwicklung junger Hochschüler vor, während und nach ihrem Studium. Das gehört zu Diehls Philosophie: Alles ist im Wandel.

Diehls Internetadresse findet man übrigens vertikal in großer schwarzer Blockschrift vor dem Café Bismarck gegenüber dem »Abaton« im Grindelhof: www.pop.ac

Seit 1987 klebt er in Formaten bis zu 3 mal 3 Meter, manchmal mit 2000 und mehr Stickern – und plötzlich entsteht eine Struktur. Es gibt keinen Entwurf, keine Bildvorstellung. Nur der Entwicklungsprozess aus dem Bauch heraus und die endlose Reihung des Motivs führen in einen Zustand von Monotonie oder meditativer Eingebung.

Der Betrachter soll sich seiner selbst bewusst werden hin zu dem Ort des Bildes, weg von einer im Alltag beschränkenden Hektik. Immer wieder mal »back to the roots« zu gelangen, erhofft sich Diehl mit seinen »Missionswerken« auszulösen. Vielleicht reist Diehl deshalb in mönchischer Bescheidenheit mit nur einer Tüte in alle Welt, frei von Besitz seine Botschaften weitergebend: Sein Kunstwerk *99 Hamburgers* hängt in Las Vegas in der Universität von Nevada.

Markus Diehl · Bornstraße 16 · 20146 Hamburg · Tel. 0162/164 90 90
S 21, 31 Dammtor

39 MIT ABY WARBURGS AUGEN

Abraham M. Warburg (1866–1929) etablierte eine eigenständige Disziplin der Kunstwissenschaft, die Ikonologie. Seine Leidenschaft war das Entschlüsseln von Bildern. Von Anfang an rebellierte Warburg gegen seine Bankiersfamilie. »Aby« wollte keine Bank erben. Stattdessen vermachte er sein Erstgeburtsrecht dem jüngeren Bruder Max und nahm seinen Brüdern im Gegenzug das Versprechen ab, ihm jedes Buch seiner Wahl zu bezahlen. Dieser Deal schenkte der Wissenschaft eine bis heute berühmte Bibliothek (60 000 Bände), die seit 1933, vor den Nazis gerettet, den Grundstock des Londoner Warburg Institute bildet. Die ellipsenförmige Bibliothek (Architekt Gerhard Langmaak, 1926) ist ein einzigartiges Dokument des deutsch-jüdischen Geisteslebens vor 1933 in der Hansestadt.

Aby-Warburg-Stiftung. Warburg-Haus · Heilwigstraße 116 · 20249 Hamburg
Tel. 040/428 38 61 48 · www.warburg-haus.de · U 1 und U 3 Kellinghusenstraße

40 SCHÖNHEITEN, GANZ AUS GIPS

In einer ehemaligen Backstube bewahrt das Archäologische Institut Gipskopien antiker Kunstwerke internationaler Museen und macht so die abendländische Kultur hautnah erlebbar. Neben berühmten Werken wie dem *Pferdekopf des Parthenon*, dem *Blonden Kopf von der Akropolis* oder dem *Doryphoros des Polyklet* finden sich hier griechische Bauplastik und römische Kaiserporträts – doch allen setzt die Feuchtigkeit zu.173 Abgüsse umfasst die Sammlung, gestiftet von Hamburger Kaufleuten im späten 19. Jahrhundert. Kaum vorstellbar, dass die Marmororiginale einst knallbunt bemalt waren. Noch der Archäologe Johann Joachim Winckelmann (1717–1768) hatte stets ihre weiße »edle Einfalt und stille Größe« bewundert, dabei waren die Griechen in ihrer Farbenfreude die Indianer des Altertums.

Archäologisches Institut · Besichtigung nach Absprache · Edmund-Siemers-Allee 1 West
20146 Hamburg · Tel. 040/428 38 47 55
Bus 5 oder 4 bis Staatsbibliothek/S-Bahn Dammtor

HAMBURGER ROTSPON IM SPEICHER GENIESSEN

41

Hamburg hat eine eigene Weinspezialität. Im Frühjahr 2013 eröffnete der Genuss Speicher, in dem Besucher einen echten »Rotspon« verkosten und selbst verschneiden können. Hier erleben Sie Gaumenfreuden inmitten einer musealen Welt zum Thema Hanse und Kolonialwaren.

Zwischen 1806 und 1814 besetzten Napoleons Truppen Hamburg. Die Soldaten plünderten auch die Weinkeller der Speicherstadt im Hafen. Als sie schmatzend von den guten Roten kosteten, hoben sie die Brauen. Incroyable! Kaum zu glauben. Diese Weine stammten aus der Gascogne, Bordeaux und dem Burgund und mundeten doch viel besser als in Frankreich! So wurde der Name »Rotspon« zu einem Gütesiegel für hanseatischen Wein. Der niederdeutsche Begriff bezeichnete ursprünglich nur einen Rotwein, der das Holz, also den Span des Fasses, rot gefärbt hatte.

Bereits im 13. Jahrhundert pflegte die Hansestadt Handelsbeziehungen zur französischen Atlantikküste. Die Reise nach Hamburg bekam dem Rebsaft gut. Fässer aus frischem Eichenholz gaben ihre Tannine, Würze und Vanillearomen an die Weine weiter, und die hiesigen Speicher boten beste klimatische Bedingungen. Heute darf nur ein französischer Wein »Rotspon« heißen, der mindestens drei Monate in Hamburg im Fass lagert und vor Ort aus Rebsorten einer Hanglage verschnitten und abgefüllt wird. Der Genuss Speicher greift diese Tradition auf. Im Gewölbekeller reift »Rotspon« heran. Besucher können ihn direkt vor Ort verkosten. Unter urigem Gebälk im Hochparterre laden eine Weinbar und gemütliche Sitzplätze dazu ein, gleich einen guten Tropfen zu genießen. Der Architekt Stephen Williams veredelte den Raum mit vergoldeten Paletten und Kronleuchtern aus Weinflaschen, dazwischen stehen historische Geräte. Hier dreht sich alles um die Speicherstadt und ihre Kolonialwaren. Die Gäste können Tee, Kaffee und Gewürze sinnlich erleben und die Aromen von Beeren, Vanille und Holz erraten.

Genuss Speicher · Kontakt: Veranstaltungsbüro · Tel. 040/46 65 31 70
Öffnungszeiten und Veranstaltungen s. Homepage · St. Annenufer 2
20457 Hamburg · www.genuss-speicher.de · U 3 Messberg

42 NEUER GLANZ FÜR IDA EHRES PROBEBÜHNE

Klassisch und poetisch, verrückt und zahm, provokant und gelehrsam: Der Logensaal tritt mit originellen Veranstaltungen aus dem Schatten der Kammerspiele. Aschenbrödels Triumph nach mehreren Jahren harter Arbeit. Es weht eine frische Brise.

Unter ihrem dunklen Haar brodelte einer der wachsten Köpfe, unter ihrem Busen pochte eines der glühendsten Herzen der Stadt: Ida Ehre, jüdische Schauspielerin, die die Inhaftierung im KZ Fuhlsbüttel überlebte. 1945 gründete sie die Kammerspiele und leitete ihr Privattheater mit Engagement und Esprit bis zu ihrem Tod 1989. Der Logensaal im gleichen Gebäude diente ihr als Werkstatt und Probebühne. Davor befand sich hier der Versammlungsort einer jüdischen Loge, die Intellektuelle des Viertels vereinte, bis die Nationalsozialisten von genau diesem Platz aus Deportationen vorbereiteten.

Gleich am Eingang zum Logensaal in der unteren Etage empfängt Sie auf einem Granitsockel die Bronzebüste von Ida Ehre: expressiv im Ausdruck und zweigesichtig – die junge auf der Kopfrückseite, die ältere auf der Vorderseite. Der Logensaal, man könnte auch »der Geheimort« sagen, offenbart sich nur denjenigen, die ihn suchen.

Eine Rechtskurve, dann links und schon taucht ein Vorraum mit Bar vor einem auf, die Decke mit Davidsternen in geometrischer Anordnung bemalt. Plötzlich wird man des jüdischen Lebens am Grindel Anfang des 20. Jahrhunderts gewahr. Die Sitzungen oder wöchentlichen Hochzeiten mit Festessen und Tanz, die Gespräche und das Lachen – der heutige Besucher kann es sich lebhaft vorstellen. Der große Saal wird unterteilt durch schmale, antikisierende Säulen. Auf einer Bühne besticht ein rotes Saloon-Klavier. An den Wänden hängen asiatische Kunstwerke. Über den Raum verteilt Bistro-Stühle an Marmortischen für bis zu 100 Personen.

Der Logensaal bietet berechtigten Anlass, nicht nur als Kulturstätte ersten Ranges, sondern auch als eigensinniger Ort für sich zu werben.

Logensaal in den Hamburger Kammerspielen · Hartungstraße 9–11 · 20146 Hamburg
Kartenreservierung unter 040/413 34 40 · U 1 Hallerstraße · Schnellbus 34 Völkerkundemuseum
S 11, 31, 21 Dammtor · Weiterfahrt mit den Bussen 4, 5 Grindelhof

Schön und melancholisch Domenica, bevor sie die Prostitution aufgab.

DIE GALERIE DER SCHLUMPER

43

Eine Tür in der Alten Rinderschlachthalle führt in eine Galerie, wie Sie sie nur selten finden werden: die Kunstproduktion der Schlumper. Die Ausstellung vermittelt Ihnen einen Eindruck von der Vielfalt und dem Reichtum ihrer Werke.

Hier begegnen einem modern interpretierte Bremer Stadtmusikanten, sieben Katzen sind es in diesem Fall, und die Ritter einer Tafelrunde. Schräg gegenüber zeigt ein Porträt *Domenica, bevor sie die Prostitution aufgab, schön und melancholisch*. Andere Werke scheinen der Linie von bekannten Künstlern zu entsprechen. Doch das ist Zufall. Die Schlumper folgen keinen Vorbildern und keinem Modetrend. Ihre Bilder entstehen unverfälscht aus eigenen Emotionen heraus, oft unter ganzem Einsatz von Körper und Seele. »Was ohn Vorgedanken, ohn Kunst, unversehens geschiehet, das ist Schlump, der unvermutete Glücksfall«, heißt es im Grimmschen Wörterbuch. Es passte, dass sich 1984 in der Straße Beim Schlump um den Hamburger Maler Rolf Laute künstlerisch Begabte mit unterschiedlichen Behinderungen sammelten. Ein Atelier entstand in den Kellerräumen des Stadthauses.

Bei schönem Wetter lohnt das Schlumper-Café mit seinen Außenplätzen ganz besonders. Ein kleiner, gemütlicher Ort vor roten Backsteinmauern.

1998 zogen die Schlumper um in die Alte Rinderschlachthalle auf St. Pauli. Für Kunstfreunde ist die Galerie auf zwei Ebenen mit Einblicken in die Ateliers eine kleine Perle, im zugehörigen Café kommt man ins Gespräch. Die Arbeiten der Schlumper zieren zum Beispiel Kunst-am-Bau-Projekte, Plakate und Plattencover. Sie werden von privaten Sammlern und öffentlichen Einrichtungen gekauft. Kunstliebhaber, Filmemacher und Fotografen können sie gegen Gebühr entleihen. Künstlerisch Interessierte sind in der Galerie der Schlumper auch willkommen, um die Arbeit der Schlumper kennenzulernen oder selbst zu zeichnen und zu malen.

Galerie der Schlumper · Mi–Fr 16–19 Uhr, Sa. 11–17 Uhr · Alte Rinderschlachthalle Hamburg Marktstraße 131 · www.schlumper.de · 20357 Hamburg · Tel. 040/43 25 42 70 · Führungen für Gruppen nach telefonischer Anmeldung · U 3 Feldstraße · S 3, S 21 und U 3 Sternschanze

44 WASSERKUNST AUF DER ELBINSEL

Auf dem Gelände der ehemaligen Hamburger Wasserfiltrationsanlage entstand ein besonderer Natur- und Erholungspark. Kunst rund um das lebensspendende Nass erinnert daran, dass dies in der Hansestadt noch gar nicht so lange selbstverständlich ist.

Im Jahr 1892 fraß sich die Cholera durch Hamburg. Es gab Tausende von Toten. Damals wurde das Trinkwasser noch unfiltriert der Elbe entnommen; verschmutztes Hafenwasser floss bei Flut in die Entnahmestelle. Das zu Preußen gehörende, benachbarte Altona indes besaß eine Sandfilteranlage. Dort erkrankten während der Epidemie weitaus weniger Menschen. Hamburg sah den Fehler ein und baute eine Filtrationsanlage auf der Insel Kaltehofe in der Billwerder Elbbucht. Im Mai 1893 wurde sie in Betrieb genommen, samt einer Villa, in der die Außenstelle des neu gegründeten Hygienischen Staatsinstituts einzog. Hier entnahm man Wasserproben und sammelte sie, um künftiges Elend zu vermeiden. Im Jahr 1990 ging die Anlage vom Netz, fortan kam das Trinkwasser aus dem Tiefbrunnen.

Nehmen Sie an einer nächtlichen Fledermausführung teil. Mit dem »Batdetector« werden die Ultraschallsignale der Tiere aufgespürt. Mit Glück sehen Sie sie bei akrobatischen Flugmanövern.

Seit 2011 erwacht die Elbinsel als Natur- und Kulturmuseum zu völlig neuem Leben. Auf Kaltehofe vereint sich alte Industriearchitektur mit neu erblühendem Gelände. Rund 280 Pflanzenarten, Fledermäuse und eine reiche Vogelwelt sind eingezogen. Ein ökologischer Naturlehrpfad führt entlang der ehemaligen Filtrationsanlage mit ihren wilhelminischen Schieberhäuschen. Die historische Villa und ein Museumsneubau beherbergen eine Dauerausstellung. Es wurde die Geschichte von Kaltehofe aus Sicht der damaligen Arbeiter und Bewohner rekonstruiert. Eine Werkstatt der Wasserkunst lädt dazu ein, durch zwei Jahrhunderte Geschichte der Hamburger Brunnen und Wasserspiele zu flanieren.

Stiftung Wasserkunst Elbinsel Kaltehofe · Öffnungszeiten siehe Homepage
Kaltehofe-Hauptdeich 6–7 · 20539 Hamburg
Tel. 040/788 84 99 90 · www.wasserkunst-hamburg.de

EIN SAAL VOLLER UNERSCHROCKENER

45

Sie berichten von Stürmen, von Seegang und dem Schiffbruch, den sie überlebten: Ein großer Raum, in dem schaurig-schöne Seefahrtsgeschichten aufleben, verbirgt sich im Altonaer Museum. Mittendrin verschluckt ein echter Hai den Propheten Jonas.

Unbeirrt richtete sie ihren Blick nach vorn, auch wenn die Welt nur noch aus Blau bestand, die Wogen höher als Häuser waren und die See noch so grausam brüllte. Während der hartgesottenste Seemann grünbleich in der Koje lag, hielt die Galionsfigur die Stellung. Achtzehn von ihnen befinden sich im Galionsfigurensaal des Altonaer Museums. Eine wohl einzigartige Sammlung mit Originalen und Rekonstruktionen. Respekt einflößend ist das Mädchen mit antikem Gewand (19. Jahrhundert). Mit entblößten Brüsten und grimmigen Mannsköpfen anstelle von Oberarmen stemmte es sich der See entgegen. Eine andere junge Dame stammt nachweislich vom Bug der »Pindos«, der früheren englischen Viermastbark »Eusemere«. Sie wurde 1890 in Workington erbaut und versank 22 Jahre später im Englischen Kanal, mitsamt der Besatzung und Kapitän Andreas Sandvej. Auch ein Geschwisterpaar aus Pitchpineholz ist ausgestellt, als Doppelfigur eine Seltenheit.

Je nach Epoche und Schiffseigner war die Galionsfigur auch Nixe, Tier, Wappenfigur, Krieger, Indianer, Kaufmann oder Fürst. Besonders zwischen dem 17. und frühen 20. Jahrhundert gehörte sie zum Schiff wie Steuerrad und Masten. Sie sollte Geister vertreiben und vor Unglück bewahren; ein böses Omen, wenn sie beschädigt wurde.

Etwas Besonderes im Saal ist die Figur »Jonas im Wal« (17. Jahrhundert). Aus dem aufgerissenen Maul eines präparierten, gebogenen und bemalten Heringshais ragt ein bärtiger Mann heraus, die Hände zum Gebet zusammengelegt. Es handelt sich um den aus Holz geschnitzten Jonas. Ein großer Fisch verschlang den Propheten, steht im Alten Testament, und spie ihn nach drei Tagen wieder aus.

Altonaer Museum · Mo, Mi–Fr 10–17 Uhr, Sa, So bis 18 Uhr · Eintritt 8,50 (ermäßigt 5) Euro
Kinder und Jugendliche bis 17 Jahre haben freien Eintritt · Museumstraße 23 · 22765 Hamburg
Tel. 040/428 13 50 · Das Haus ist barrierefrei · S-Bahn/Bus Bahnhof Altona

46 SCHWIMMENDE BÜHNE MIT STUHLPATEN

Ein ganzes Theater passt in den Maschinenraum eines ehemaligen Flusskanonenbootes. Das hat Kapitän Grabau längst bewiesen. Die »Batavia« in Wedel ist Kult. Damit sie es bleibt, kann jeder Pate eines roten Samtstuhles werden – und damit ein Erbe der Hamburger Staatsoper retten.

Im Auehafen von Wedel liegt sie vor Anker, als einziges Schiff zwischen grünen Marschkoppeln. In ihrem Bauch spielen sich Dramen ab und Komödien, es wird zum Beispiel Jazzmusik oder Folk gespielt. Pippi Langstrumpf ist seit einem Vierteljahrhundert mit an Bord. Im Sommer gibt es Open-Air-Kino unter einer Million Sternen. Nach vielen Irrfahrten fand die »Batavia« hier ihre friedliche Bestimmung. Sie war 1892 in Stettin für die Kaiserliche Marine gebaut worden, als Flusskanonenboot namens »Vaterland« in China unterwegs und im Zweiten Weltkrieg wieder in Hamburg eingetroffen. Nach einem Bombenangriff versank sie in der Elbe und tauchte neun Jahre später wieder auf. 1972 kaufte Hannes Grabau das Schiff – und machte ein schwimmendes Theater daraus, mit Gaststätte und einer kuscheligen Bar im Entree. Bei den Vorführungen nehmen die Gäste Platz auf rotem Samtgestühl aus den 1950er-Jahren, einem Geschenk der Hamburger Staatsoper. Sehr viele begeisterte Zuschauer hat jeder Einzelne von ihnen schon getragen. Weil man es ihnen ansieht, lässt Kapitän Grabau sie Stück für Stück restaurieren, das aber kostet viel Geld. Darum hat er sich etwas einfallen lassen. Wer möchte, kann Stuhlpate werden. Zum Dank wird der Name des Spenders für alle Ewigkeit in Messing geschlagen. Und wenn alle Stühle wieder rotsamtig den Bühnenglanz untermalen, gibt es ein rauschendes Fest mit allen Künstlern.

Bei der »Batavia« beginnt ein Weg in die Wedeler Marsch. Von hier aus können Sie bis an die Elbe und noch weiter gelangen. Ein Paradies für Skater, Radfahrer und Spaziergänger.

Theaterschiff Batavia · Broocksdamm · 22880 Wedel
Tel. 04103/858 36 · www.batavia-wedel.de
S 1 bis Wedel, von dort ausgeschildert

THEATER SCHIFF
BATAVIA
BATAVIA
THEATER JAZZ CABARET
HOPPE

GeCo

ERSTAUNLICHE VOLT-KREATIONEN

47

Strom kommt aus der Steckdose, das ist soweit bekannt. Was man aber im Lauf der Jahrzehnte alles daran anschloss, kann sich kaum jemand vorstellen. Ein Harburger Museum hat die aus heutiger Sicht teils skurrilen Dinge gesammelt.

Kaum zu glauben, aber wahr: Zu den allerersten elektrischen Haushaltsgeräten gehörte der Eierkocher. Ein Chrommodell von 1905 ist im electrum zu bewundern. Zu jener Zeit war elektrischer Strom noch Besserverdienern vorbehalten. Wer eine Steckdose hatte, nutzte sie effektiv mit einem Feueranzünder: Stecker rein, und es glühte eine Drahtwendel auf, an der man wiederum Papier für den Ofen entfachen konnte. Oder Zigarren. Daher gehörte solch ein Gerät auch auf den »Rauchtisch« des Hausherren. Oft war es dekorativ oder gar kitschig gestaltet, etwa als Honigfass, hinter dem ein sitzender Bär sich die Pfote leckt. Auch einen Hosenbügler können Sie in dem Harburger Museum bestaunen. Damit konnte Mutti noch rasch die Bügelfalte glätten, sogar wenn Vati die Hose bereits trug und gerade mit der Aktentasche unterm Arm das Haus verlassen wollte. Solch ein Gerät nutzte man im Jahr 1938. Das electrum wurde 2011 im Harburger Binnenhafen neu eröffnet. Mit rund 1000 Exponaten bietet es eine spannende Zeitreise durch ein Jahrhundert Elektrizität. Die Abteilung »Alles elektrisch!« präsentiert Haushaltsgeräte der letzten 130 Jahre, elektrische Helfer, die schon Eltern und Urgroßeltern das Leben erleichterten. Mitarbeiter führen die Geräte und Installationen vor, etwa das Orchestrion »El Dorado«, das ein Orchester imitiert. Nostalgietränen tropfen beim Anblick von Phonograph und Grammophon. Und das Beste: Sie dürfen selbst elektrische Experimente durchführen oder am Fernseher die ersten Videospiele ausprobieren.

Anschließend können Sie die Harburger Schlossinsel erkunden. Ein Spaziergang führt an alten Hafenbecken und Kanälen entlang, vorbei an historischen und zeitgenössischen Bauten.

---

electrum · So 10–17 Uhr sowie nach Absprache, Erwachsene 3 Euro, Kinder unter 14 Jahren frei
Harburger Schlossstraße 1 · 21079 Hamburg · Tel. 040/32 50 73 53 · www.electrum-hamburg.de
S 3, 31 Hamburg-Harburg Rathaus

48 IMBISS FÜR HUNGRIGE KUNSTFREUNDE

Statt Currywurst bekommen Sie hier Zeichnungen, kleine Gemälde und Skulpturen. Ein reich bestückter Imbisswagen taucht an verschiedenen Hamburger Orten auf, mal nach Plan, mal unerwartet. Nachdem er komplett ausgebrannt war, bangten ausgehungerte Kunstfreunde um seine Zukunft. Seit 2012 ist sein weiß-blauer Nachfolger im Einsatz.

Es kann zum Beispiel an der Alster passieren, aber auch mitten in St. Pauli. Genauso in Barmbek, Wilhelmsburg oder an anderen Orten, wo niemand damit rechnet: Ein Wagen rollt heran, die Klappe öffnet sich und auf Würstchen-Pappen werden feinste Kunstwerke serviert. Katharina Kohl und Detlef Georg Reiß verwirklichten die Idee, die eine längst klaffende Lücke füllte. Sie hatten herausgefunden, dass es dem Menschen im hektischen Alltag an passender kultureller Versorgung mangelte. Also kauften sie einen Imbisswagen und füllten ihn mit Bildern, Plastiken und anderen schönen Dingen, das war bereits im Jahr 2005. Sie rollten durch Hamburg, es sprach sich herum, die Menschen strömten herbei. Das Projekt der beiden freischaffenden Künstler wurde von der Initiative »Land der Ideen« ausgezeichnet.

Nach sechs Jahren kam das Ende. Vor dem Einkaufszentrum Born-Center in Osdorf brannte der Wagen nieder, rund 300 Bilder, Skulpturen und andere Kunstwerke gingen in Flammen auf. Es entstand ein Schaden von etwa 20 000 Euro. Die Polizei ermittelte wegen Brandstiftung; viele Menschen hatten feuchte Augen. Sie trugen dazu bei, zusammen mit Spenden von Behörden und Firmen, dass es eine Zukunft gab.

Im April 2012 wurde die neue Ära eingeläutet. Der Kunst-Imbiss ist nun weiß-blau und hat graugrüne Meereswellen auf der Frontklappe. Sie sind geblieben als Andenken an vorherige Einsätze. In seinem früheren Leben war der Wagen nämlich ein Infostand auf Sylt. Er gehörte der Deutschen Gesellschaft zur Rettung Schiffbrüchiger. Über der Klappe leuchtet in roten Lettern die lange vermisste Aufschrift: Kunst-Imbiss. Viele, die es jetzt noch nicht ahnen, werden schöne Dinge in ihm entdecken.

Der Kunst-Imbiss · Tel. 040/422 75 10 · Mobil 0179/535 51 32
www.kunst-imbiss.de · unterwegs@kunst-imbiss.de

Kunst-Imbiss

WO DIE QUEEN MARY 2 FAST 800 000 TEILE HAT

49

Wenn Ihre Majestät die Elbe hinabgleiten, steht Hamburg still. Die Ufer füllen sich mit Zaungästen, ein Korso aus begleitenden Booten lässt jeden Staatsakt erblassen. Im Internationalen Maritimen Museum Hamburg können Sie die Königin betrachten, ohne dass sie Ihnen davonschwimmt. Sie ruht dort als Sieben-Meter-Legomodell.

Selbst Menschen, die sonst wenig am Hut haben mit schwimmenden Luxushotels, verspüren so etwas wie Ehrfurcht, wenn die »Queen Mary 2« kommt. 345 Meter nautische Eleganz pflügen sich durch die Elbwogen. Sie ist eines der längsten Schiffe der Welt und für viele auch eines der schönsten. Ihr Nebelhorn ist bis nach Bahrenfeld zu hören. Bis zu 2620 Passagiere sind an Bord. Viele winken den Daheimgebliebenen zu, bevor sie zum Afternoon Tea entschwinden (traditionell mit weißen Handschuhen serviert) oder die Kreditkarte in den Mayfair Shops zücken. Sie können auch in das bordeigene Planetarium gehen und sich dann rühmen, im wohl größten Ballsaal auf See getanzt zu haben. Von nun an gehören sie zum Cunard World Club. Das ist ein »exklusiver Kreis von erfahrenen Reisenden«, erklärt die britische Reederei Cunard Line. Ihr Flaggschiff wurde in Frankreich gebaut. Seit 2004 ist es auf den Weltmeeren unterwegs, mit rund 1250 Besatzungsmitgliedern. Weil viele das Ein- und Auslaufen Ihrer Majestät verpassen, hat das Internationale Maritime Museum Hamburg sich etwas Besonderes einfallen lassen. Auf »Deck 2« liegt ein 6,90 Meter langes und 1,44 Meter hohes Modell des Kreuzfahrtschiffes, gebaut aus 780 000 Legosteinen. Rund 1200 Stunden benötigten die Baumeister Klaas H. Meyward und René Hoffmeister dafür, das entspricht 150 vollen Arbeitstagen. In der Zeit schafft die »Queen Mary 2« eine Weltreise.

In dem Museum mit seiner zehn Decks umfassenden Ausstellung finden Sie noch andere Schätze. Auf Deck 6 können Sie an der Reling stehen und sich wie auf einer Kreuzfahrt fühlen.

Internationales Maritimes Museum Hamburg · Stiftung · tägl. 10–18 Uhr
Kaispeicher B, Koreastraße 1 · 20457 Hamburg · Tel. 040/30 09 23 00 · www.imm-hamburg.de
U 4 Überseequartier

KAMM IN – UND WERDE EIN STAR

50

Wieder nur einer dieser Friseure, der einen originellen Namen finden wollte ... Denkt der ahnungslose Passant. An einigen Abenden zieht es Gäste, die den Salon betreten, direkt in den Keller. Es ist der Sog echter, gelebter Leidenschaft für Livemusik. Sie dürfen mitspielen oder Publikum sein.

Es begann mit einer Gitarre. »Kann man die kaufen?«, fragte ein Kunde »Ist eigentlich Deko, aber okay«, sagte Knut Harms. Der Friseur und Frontman der *Kiez Kauboys* hatte das Schaufenster seines Salons damit geschmückt. Er verkaufte, hängte die nächste Gitarre ins Fenster und verkaufte bald darauf auch diese. So entwickelte sich das »Kamm in« zum Musikertreff, man traf sich zur monatlichen Session. Eine Kiste Bier stand in der Mitte, pro Flasche flog ein Euro in den Topf. »Bei unserer Abschlussfeier platzte der Laden aus allen Nähten«, erinnert sich Knut. Nach dem Umzug eröffnete er mit Sohn Steffen den neuen Salon beim Großneumarkt. Konzerte im Keller gibt es regelmäßig, das Bier kommt nun von der eigenen Bar. Ein Mini-Rock-Café zog mit ein.

Willkommen sind alle, die einen neuen Haarschnitt, eine Tönung oder Locken wünschen, und genauso Gäste, die Gitarre, Schlagzeug, Saxofon oder ein anderes Instrument spielen. Und schließlich jene, die einfach gern ehrliche, live gespielte Musik genießen, teils frei improvisierte Sessions mit Stücken, die auch 20 Minuten dauern können, selbstvergessen wie damals der Krautrock um Holger Czukay und Jaki Liebezeit, der legendären Band *Can*. Allen, die sich vorher rechtzeitig angemeldet haben, gehört die Bühne für eine halbe Stunde. Bands und Solisten können sich auch für ein »Band of the Week« anmelden. Schon manche sollen dann groß herausgekommen sein. Einer der Gäste weiß, wie es geht: Man trifft im »Kamm in« auch Leute wie Horst Fascher, Mitbegründer des Star-Clubs und Entdecker der Beatles. Er hat noch immer ein Gespür für gute Locations.

Kamm in – Friseure & Events · Öffnungszeiten Friseurbetrieb s. Homepage · Sessions/Open Stage und After-Work-Treff Mi ab 18 Uhr; jeden 1. und 3. Fr im Monat Unplugged-Session ab 18 Uhr
Brüderstraße 2 · 20355 Hamburg · 040/34 52 93 · www.kamm-in-online.de

FÜR ENTDECKER!

ERLEBNISSE FÜR FAMILIEN

SCHLECHTELAUNEFRESSER
KUNST STATT DUNST
DER SPAßI
UND SEINE GESCHICHTE
Packungspreis
7,- €uro
Bei Störungen
0179 326 18 87
www.spassi.de

KUNST STATT DUNST

51

Ein besonderes Hamburg-Souvenir kommt aus dem Zigarettenautomaten. In kleinen Schubladen, die einst Ungesundes bargen, versteckt sich ein freundliches Fabelwesen von der Waterkant. Jedes der Unikate wurde in einer Moorburger Manufaktur gefertigt. Zu finden am Elbufer in Övelgönne und Blankenese.

Vor langer Zeit warf man zehn Pfennig in einen Kaugummiautomaten. Man drehte klopfenden Herzens am Rad und mit viel Glück kam ein Fingerring heraus. Mindestens genauso froh macht der »Spaßi«. Was für ein Wesen es ist, darüber kann man grübeln. Ein Hund? Ein Papagei? Oder doch ein Elch? »Das ist der Spaßvogel«, antwortet die Künstlerin Stefanie Lochner aus Moorburg. Eines Tages kam eine Schar Kinder in ihrer Werkstatt vorbei, um ihr ein schönes Stück Holz zu bringen. Sie begann Tiere daraus zu schnitzen, unter anderem dieses. »Du kannst ihn auch einfach Spaßi nennen«, erklärte sie einem staunenden Jungen. »Er ist ein sehr nützliches Tier, weil er Kummer und Sorgen vertreibt!«

Inzwischen kaufen auch 99-Jährige das Fabeltier und Stefanie Lochner fertigt es in Serie, unterstützt von Vater Dietmar, der selbst Künstler ist. Sie entwickelte die Figur weiter, verlieh jeder einen eigenen Charakter. Ein Geistesblitz, das Fabeltier in ausrangierten Zigarettenautomaten anzubieten. Flugs kaufte sie den Herstellern einige Automaten ab und platzierte sie am Elbuferweg in Övelgönne, am Strandweg in Blankenese und nahe der Werkstatt in Moorburg. Ersterer ist immer noch vorhanden. Darin schlummert der »Spaßi« in verschiedenen Varianten.

Er trotzt mit gelber Regenmütze dem Schietwetter oder kommt mit rosa Stöckelschuhen von der Reeperbahn. Er trägt eine St.-Pauli-Kapitänsmütze, präsentiert sich als Fischmarkt-Fan, als Smutje oder Jogger und hat noch viele andere Geschwister. Auch einen kultigen Elbchiller-Spaßi als Schlüsselanhänger gibt es. Eine der handgefertigten Holzfiguren bekommen Sie, wenn Sie sieben Euro in den Automaten werfen und anschließend an einer der sechs Schubladen ziehen.

Elbuferweg Övelgönne 4 · Kunsthandwerk Stefanie Lochner · Moorburger Elbdeich 212 21079 Hamburg · Tel. 0179/326 18 87 · info@spassi.de

52 PAPA, ICH WILL WIEDER INS MUSEUM!

Es ist ein Museum und doch nicht. Denn dies ist kein laaaaangweiliges Haus mit Glaskästen und Infotafeln, wie es Erwachsene toll finden. Zwischen den Hochhäusern am Osdorfer Born zog eine Erlebniswelt für Kinder ein. Und immer wieder macht es Klick im Kopf.

Das KL!CK bekam sogar eine eigene HVV-Bushaltestelle. »Kindermuseum« steht auf dem Schild, und darüber freuen sich alle schon beim Aussteigen. Es leitet zu einem bunten Ort inmitten eintöniger Hochhäuser. Kinder finden hier eine Ausstellung, die nur für sie gemacht wurde. Das bedeutet auch: alles anfassen, bitte! Da bleibt es nicht aus, dass das Skelett aus der Körperausstellung Zähne oder einen ganzen Finger verliert. Umso besser, denn dann wandert es in die archäologische Grabungsstätte auf dem Außengelände. Dort geht es gemeinsam mit Pinsel, Kelle und Messlatte ans Werk, der Fund wird identifiziert und protokolliert. War es ein Mann oder eine Frau? Die Antwort ist nun ganz einfach. Nebenan gibt es eine beinahe echte Baustelle zum Mauernbauen, Fliesenlegen und Dachdecken. In einem anderen Teil des Museums leben Besuchergruppen wie ein Steinzeitclan: Werkzeuge herstellen, Feuer machen, Schießen mit Pfeil und Bogen. So lässt es sich auch an warmen Sommertagen wunderbar in einem Museum aushalten.

Im Innenbereich wartet zum Beispiel ein Haushalt wie bei Urgroßmutter, mit Rubbelbrett zum Waschen, Kaffeemühle und vielen anderen Geräten, die damals ohne Strom funktionieren mussten. Auch eigenes Geld lässt sich im KL!CK selbst herstellen, wieder ausgeben oder sparen, dafür gibt es einen Laden und eine Bank. Am »Treffpunkt Körper« kann man seine Reaktionsgeschwindigkeiten messen, in einer Gebärmutter schaukeln oder endlich einmal Zahnarzt sein. Für die Allerkleinsten wurde das »Elementarium« eingerichtet. Viele Kinder, die hier waren, wollen nur noch eins: jeden Sonntag ins Museum. Und am liebsten sogar noch öfter.

KL!CK Kindermuseum · Mo–Fr 9–18, So 11–18 Uhr, samstags nur für Kindergeburtstage geöffnet, sonntags Führungen · Achtern Born 127 · 22549 Hamburg · Tel. 040/41 09 97 77
Bus 21 ab S-Bahnhof Klein Flottbek (S 1) oder Elbgaustraße (S 3, S 21), Schnellbus 37
Metrobus 3 jeweils bis Haltestelle Achtern Born, Kindermuseum

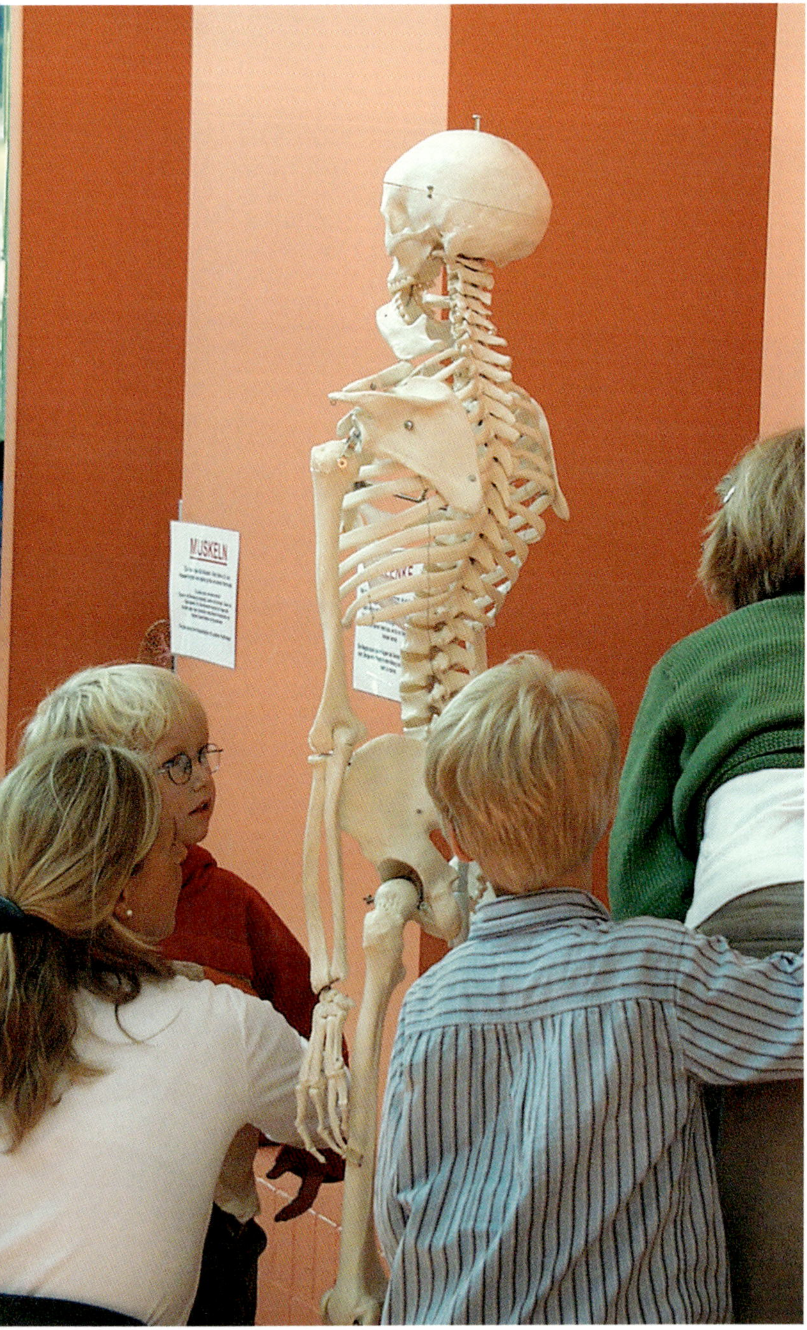
MUSKELN

Bilder deutscher Rasse
Nordische Rasse
Fälische Rasse
„Die harte Faust des Krieges"

GRIFFEL, ROHRSTOCK, POESIEALBEN

53

Nahe der Reeperbahn steht eine ehemalige Realschule. Ihre Klassenräume sind kleine Zeitmaschinen. Sie nehmen den Besucher mit in Jahre, in denen der Rohrstock regierte, und konfrontieren ihn teils mit dunkelster Vergangenheit. Fünf schulgeschichtliche Epochen sind zum Greifen nah.

Das Kratzen des Griffels auf der Schiefertafel ist förmlich zu hören beim Betreten der historischen Räume. Es verwunderte nicht, wenn noch ein Schüler in der Ecke stünde, sich schämend für seine »Unartigkeiten«. Im originalgetreu eingerichteten Klassenzimmer aus dem wilhelminischen Kaiserreich stimmt jedes Detail, von den alten Holzbänken bis hin zum Bollerofen. Nach dem Unterrichtsgesetz vom 11. November 1870 erlebte das staatliche Schulwesen in Hamburg einen regen Aufschwung. Viele Exponate stammen aus dieser Zeit. Ein anderer Raum informiert über das Schulwesen in der Weimarer Republik mit ihrer reformpädagogischen Bewegung. Die Realität des kaum Vorstellbaren beweist das Klassenzimmer aus der Zeit des Nationalsozialismus. Man verwendete unter anderem ein Kopfmessgerät zwecks ideologischer Zuordnung der Menschen. Das Museum zeigt auch, wie sich das Schulleben nach dem Zweiten Weltkrieg veränderte.

Ausgestellt ist, was aus der jeweiligen Zeit blieb, Schulgegenstände wie Lineal oder Schiefertafeln, historische Urkunden, Zeugnisse, Bücher und Kartenmaterialien, ausgestopfte Tiere für den Biologieunterricht, mathematische Hilfsgeräte und physikalische Gerätschaften aus mehr als hundert Jahren Schulgeschichte. Auch persönliche Erinnerungen wurden bewahrt: Poesiealben und Fotos von Klassen, Kollegien, Schulgebäuden, Klassenfahrten und Schulheimaufenthalten.

Wer ausprobieren möchte, wie sich das Schreiben damals anfühlte, besucht den Museumsladen. Hier sind Glasfederhalter, Schiefertafeln, Griffel und Schwammdosen erhältlich.

Hamburger Schulmuseum · Mo–Fr 10–16.00 Uhr · Seilerstr. 42 · 20359 Hamburg
Tel. 040/34 58 55 · www.hamburgerschulmuseum.de
U 3 St. Pauli, S 1 / S 2 Reeperbahn, Schnellbus 37 Haltestelle Davidstraße

54 FLUGHAFENLANDEPLATZ BEOBACHTUNGSPOSTEN

Reiselust verspüren, aber nicht fort können. Wenn Sie Ihr Fernweh stillen möchten, dann begeben Sie sich am besten zur Aussichtsplattform von »Coffee to Fly«. Der Kerosingeruch, das Dröhnen in der Luft, die neuesten Flugzeugmodelle und sehnsüchtig den Abfliegenden nachwinken – hier gibt es das volle Programm.

Start- und Landegeräusche, Krach und Gestank sind hier unvermeidbar. Wenn Sie der Lärm der circa 300 Meter entfernt abhebenden Maschinen nicht stört, sollten Sie flugs hierherkommen. Die Sicht auf abhebende und landende Flugzeuge beim »Coffee to Fly«, einer Aussichtsplattform direkt an der »Fotografenbrücke« am Hamburger Flughafen, ist sensationell. Der Airbus der Alitalia oder der Lufthansa-Jumbojet, wer hebt besser ab? Wer dreht

die bessere Runde? Die Triebwerke oder Seiten- und Höhenruder und die kleinen schwarz-gelben Leitfahrzeuge sind nur mit dem dicken Feldstecher zu erkennen, also vergessen Sie nicht, diesen mitzubringen.

Während Ihr Blick immer wieder in die Ferne schweift, können Sie heiße Brezeln und Kuchen genießen. Der Kaffee kommt aus einer Hamburger Privatrösterei, sehr zu empfehlen ist der »heiße Muck«, eine Mischung aus Kaffee, Kakao, Eis und Sahne.

Kleiner Geheimtipp: Unterhalb des Hauptaussichtspunkts gibt es auf einer weiteren Terrasse den kaum genutzten Beachclub mit Blick auf den Runway. Wenn die Dunkelheit einbricht und bei Sonnenuntergang der Himmel sich lila färbt, ist dieser Platz besonders faszinierend, weil die Befeuerung besser zur Geltung kommt und die Illuminationseffekte unwirklich scheinen. Auch für private Feiern jeder Art stehen alle Räume des »Coffee to Fly« selbstverständlich zur Verfügung.

Dieser Ort macht es möglich, 365 Tage im Jahr ein bisschen Freiheit und wenigstens intensiv die Lust auf andere Länder zu verspüren. Denn Reisen ist die Sehnsucht nach dem Leben.

Coffee to Fly · Mo–Do 9–23 Uhr, Fr–So bis 0 Uhr · Holtkoppel 100 · 22415 Hamburg
info@coffee-to-fly.de, www.coffee-to-fly.de

WASSERSPIELPLATZ IM HAMBURGER STADTPARK

55

Der 1914 eröffnete Park ist eines der schönsten Erholungsgebiete in Hamburg. Den gigantischen Wasserspielplatz mit einzigartigen Klettergeräten dürfen Kinder auf keinen Fall verpassen – weißer Sand umgibt ein Riesenbecken und fast ist es, als wäre man am Strand.

Am schönsten ist es in Hamburg am Wasser. Auch im Stadtpark spielt dieses Element eine große Rolle. Stadtplaner und Architekt Fritz Schumacher (1869–1947) hatte das in seiner 1,48 Quadratkilometer großen Anlage immer im Auge. So können heute die Großen von einer Plattform ins Naturbad springen oder im Parksee schwimmen. Den gab es von Anfang an, während für die Kleinen erst in den 1950er-Jahren ein kolossales Planschbecken nördlich der Festwiese angelegt wurde.

Umgeben ist der See von einem 10 Meter breiten Streifen feinsten Sandstrands, auf dem Beachvolleyball gespielt, an Klettergerüsten geturnt und in Hängematten gefaulenzt werden kann. Eine Besonderheit sind neben der modernen Riesenschaukel sowie der Doppelseilbahn vor allem die historischen Geräte wie die »eiserne Elefantenfamilie«, das »sinkende Schiff« oder die Bronzeplastik *Wasserspeier* (Replik, um 1930) des Künstlers Richard Haizmann. Diese, damals Wasser spritzende, erste aufgestellte abstrakte Plastik im öffentlichen Raum stieß vor allem bei der staatlichen Behörde wegen ihrer freien Formensprache auf Ablehnung.

Nicht nur Kinder freuen sich hier – häufig denken auch Ältere mit Wehmut an ihre eigene Kindheit. Wer nicht mehr toben will, aber gern an frühere Zeiten erinnert wird, geht in das Sierichsche Forsthaus, das um 1900 zum Jagdrevier des Großgrundbesitzers Adolf Sierich gehörte. Beim historischen Rundgang oder dem Erzählcafé werden nostalgische Gefühle durch Geschichten über den Park erweckt. Aber auch der Naturliebhaber kommt mit Kräuterwanderungen und Führungen zu neuen Lebensräumen für Tiere und Pflanzen ganz auf seine Kosten.

Spielplatz im Stadtpark · mit Café und Pommesbude · Jahnring/Saarlandstraße 1
22303 Hamburg · U3 Borgweg/Saarlandstraße, S1, S11 Alte Wöhr
Sierichsches Forsthaus · Otto-Wels-Straße 3 · Öffnungszeiten: www.stadtparkverein.de

56 DIE BISHER SÜSSESTE PÄDAGOGEN-IDEE

Eine Erzieherin und ein Pädagoge fanden ihre Berufung in einem kunterbunten Laden in der Friedensallee. Noch nie gesehenes Naschwerk stellt ihr Team in Handarbeit her, und dabei können alle zuschauen. Der Name stand schnell fest. Schließlich heißen Bonbons bei uns in Hamburg »Bonsche«.

Der Duft, der aus der Tür dringt, ist süßer als Weihnachten und Ostern zusammen. Drinnen rollen, kneten und rühren freundliche Mitarbeiter, in großen Kupferkesseln dampft gelöster Rohrzucker. Jeder kann kommen und sich davon überzeugen, wie sich ein dicker Riesenbonbon in die Länge zieht und zu vielen fingerdünnen Rollen wird. Erkaltet und zerhackt, entstehen daraus Hunderte von kleinen Bonbons. An den glatten Bruchkanten leuchten klare Farben oder Bilder. Mal lächelt ein Smiley, mal verzaubert ein Herzchen, mal erinnert ein Anker an Hamburg. Es gibt Ahoi-Bonsche mit selbst kreierter Brause und Moin-Moin-Bonsche mit Rote-Grütze-Geschmack und so viele andere bunte Dinge, dass man sie kaum aufzählen kann. Sie stehen hier in großen Bonbongläsern und lassen sich nach Herzenslust in Tüten schaufeln wie früher im Kaufmannsladen.

Im Bonscheladen bekommen Sie auch »Fudge«. Diese Bonbons aus Sahne-Weichkaramell kennt man in Amerika und Großbritannien, in Deutschland sind sie hingegen eher selten erhältlich.

Der Bonscheladen hat natürlich auch eine Geschichte. Es waren einmal eine Erzieherin und ein Diplompädagoge, die sich aufmachten, um neue Perspektiven zu finden. Bei einem Besuch in Dänemark entdeckten sie eine Bonbonmanufaktur. Süße Dinge wurden dort vor den Augen der Kunden in Handarbeit gefertigt. Nun wussten sie, was zu tun war. Sie eigneten sich das nötige Fachwissen an, entwickelten Rezepturen und lernten das Bonbonmachen in der heimischen Küche. Heute stehen Andrea Bock und Uwe Sponnagel in ihrem »Bonscheladen« in der Friedensallee. Viele Kinder und Erwachsene finden, das war eine richtig gute Idee.

Bonscheladen · Di–Fr 11–18.30 Uhr, Sa 11–16 Uhr · Schauproduktion s. Homepage
Friedensallee 12 · 22765 Hamburg · Tel. 040/41 54 75 67 · www.bonscheladen.de · Bahnhof Altona

57

DIE GROTTE UNTER DEM ALTONAER BALKON

Es riecht nach Fisch und Meer auf der Aussichtsplattform am westlichen Ende der Palmaille. In der Ferne der Hafen, die Elbe, dicke Pötte und die Harburger Berge. Der Blick ist so schön, dass allen das Herz aufgeht.

Anfang des 19. Jahrhunderts wuchsen hier Feigen und Weintrauben an verschlungenen Wegen einer Parklandschaft und kamen im Nobelrestaurant »Rainville« als Dessert auf den Tisch. Aus dieser Zeit existiert noch eine versteckte 1902 mit Kalkstein gebaute Grotte unterhalb des Altonaer Balkons. Auf der Höhe der Höhle strömte das Brunnenwasser heraus und fiel kaskadenartig den Hang hinab – eine Sensation in dem Lustgarten. 2004 wurde sie restauriert und mit einer Treppe zugänglich gemacht. Bruchstücke der prächtigen Vergangenheit warten darauf, von Ihnen entdeckt zu werden.

Altonaer Balkon und Kinderspielplatz · Max-Brauer-Allee · 22767 Hamburg
S 1 Altona · Bus 112 Elbberg

58

ARBORISTISCHES KLEINOD IN EIMSBÜTTEL

Was macht der Stadtmensch, wenn die Sonne scheint und er sich bewegen möchte? Mit besten Absichten und der Sehnsucht nach frischer Luft zieht er hinaus auf der Suche nach Natur. Fündig wird er direkt vor der Haustür im Eimsbütteler Park »Am Weiher«. Ob alte Ahornbäume, Kastanien, Rotbuchen, Platanen oder Gastbaumarten, mitgebracht aus vielen Teilen der Welt, erinnert der Baumbestand an Zeiten, in denen wohlhabende Hamburger Sommerhäuser errichteten und weitläufige Parks anlegten. Der Senator und spätere Bürgermeister Ascan Wilhelm Lutteroth schuf 1832 den Park und Hamburg setzte später alles daran, ihn als öffentliche Erholungsfläche zu erhalten. Ein Toilettenhäuschen im östlichen Teil ist heute ein beliebtes Café. Im Zuge der Flurbereinigung nach dem Zweiten Weltkrieg wurde die Ottersbek unterirdisch verlegt und ein großer Teich angelegt.

Park »Am Weiher« (mit Spielplätzen) · Am Weiher 1 · 20255 Hamburg
U 2 Osterstraße, Bus 20, 25 Goebenstraße

HOSPITAL FÜR HUSTENDE IGEL

59

Im Igel-Krankenhaus haben die possierlichen Tiere Besuchszeiten. Um die 100 werden vierteljährlich eingeliefert und ambulant oder stationär behandelt. Finder holen ihre geheilten Igel, die bis zu neun Jahre alt werden, wieder ab. Ein Ausflug zur Igelstation zeigt eindrücklich, warum es wichtig ist, den Tieren zurück ins Leben zu helfen.

Sie sehen weder scharf noch weit, sind farbenblind, schnüffeln, schnaufen, schmatzen und sind die ältesten noch existierenden Säugetierformen. Unser europäischer Igel, *Erinaceus europaeus*, ist ein nützlicher Stachelträger im Garten. Er kann in einer Nacht 30 Raupen aus dem Frühbeet im Kleingarten vertilgen. Dennoch verteilen manche Menschen Gift in ihren Gärten, um ihre Pflanzen vor Schädlingsbefall zu schützen. Der Insektenfresser lebt aber von diesen Schädlingen wie Würmern, Käfern und Schnecken. Wir nehmen ihm so seinen Lebensraum und vergiften ihn gleich mit.

Bei starken Schmerzen schreien Igel. Dieser Laut erinnert an das durchdringende Kreischen einer Eisensäge. Hustet der Igel, hat er sich Lungenwurmlarven zugezogen, und wenn das eigentlich nachtaktive Tier am Tag herumläuft, geht es ihm schlecht – besonders im Winter sind sie gefährdet.

Den in Not geratenen Stacheltieren hilft die ehrenamtliche Igelstation nahe dem Stellinger Bahnhof, wo schon Tausenden das Leben gerettet wurde. Das Reich der Igel und ihrer Pfleger beginnt hinter einem Schrebergarten in Parzelle 13 und existiert seit 1998. Im Winter schlafen hier bis zu 25 Verletzte in einer Laube, ferner stehen im Garten an die elf Freigehege mit Schlaf- und Futterhaus. In einem weiteren Winterschlafhaus sind 36 Igel untergebracht. Ein vom Rasenmäher angefahrener Igel mit starken Blessuren wird auch schon mal abends mit nach Hause genommen und vor dem Fernseher am Unterbauch gekrault. Man kann auch Igel-Pate werden. Kleiner Tipp: Niemals den Igeln Milch geben, nur Wasser, und im Garten einfach mal das Laub liegen lassen, weil hier sich Würmer, Maden, Schnecken und Asseln als Nahrung verstecken.

Komitee für Igelschutz e.V. Hamburg · Sigrun Goroncy · Flaßheide 42 · 22525 Hamburg
Not-Tel. 040/540 48 07, 0173/207 42 69 (ab 14 Uhr) · www.igelkomitee-hamburg.de (Führungen)

60 UNTERRICHTEN STATT AUSTRETEN

Der Innocentiapark in Harvestehude war die erste Grünanlage Hamburgs und ist ein Relikt klösterlicher Vergangenheit. Ein aus der Gründerzeit stammendes Toilettenhäuschen verfiel im Lauf der Jahre, bis der berühmte Hadi Teherani sich seiner annahm, um ein »Klassenzimmer in der Natur« zu schaffen.

Der drei Hektar große Innocentiapark liegt in Harvesterhude, nicht weit entfernt von den Grindelhochhäusern.

Die nach Papst Innozenz IV. benannte Grünanlage befand sich im 13. Jahrhundert auf dem ehemaligen Gelände des Klosters Herwardeshude. Als der Grundbesitz des Klosters Ende des 19. Jahrhunderts neu besiedelt wurde, entstand der Innocentiapark. Dem damaligen Zeitgeschmack entsprechend angelegt, weist er die »Londoner Square«-Form auf, die sich an gleichmäßig geplanten Straßenzügen orientiert. Die bucklige Rasenfläche sollte Weite erzeugen, und die Hügel dienten als Aussichtsplateau auf die prachtvollen Stadthäuser.

Ein über 100 Jahre altes wilhelminisches Fachwerkgebäude von 30 Quadratmetern diente ehemals den Flaneuren als Toilette, wurde aber geschlossen und verrottete seitdem. Einer Initiative und dem Stararchitekten Hadi Teherani ist die Verwandlung des Häuschens in ein »Grünes Klassenzimmer« zu verdanken.

Teheranis Motivation, sich unentgeltlich für dieses ungewöhnliche Projekt zu engagieren, war eine eher sentimentale: Naturunterricht im Freien – das sei wie Englisch in England lernen und erinnere ihn an Erich Kästners fliegendes Klassenzimmer. Bis Ende 2012 konnten dort Schüler der Katholischen Schule an der Hochallee naturwissenschaftliche Fächer lernen. Zuletzt wurde das Häuschen vom Verein Künstlerpavillon Innopark als Malschule für Kinder genutzt – und wird es noch. Bleibt abzuwarten, welche Funktion dem viel versprechenden Häuschen weiterhin bevorsteht. Das Bezirksamt im Grindelhochhaus hat gehäuft Anfragen für ein Café auf dem Tisch.

Innocentiapark mit großem Spielplatz · Oberstraße/Brahmsallee · 20144 Hamburg
U 3 Hoheluftbrücke oder U 1 Hallerstraße/Klosterstern

KIGI

TABAKFABRIK NEBEN GEISTERSPIELPLATZ

61

Die Zeiten, in denen Kutschen über Kopfsteinpflaster rumpelten und Fabrikanten freundlich grüßten, sind vorbei. Erahnen können Sie diese Stimmung noch beim Besuch der ehemaligen Tabakmanufaktur. Hinter den Backsteinmauern versteckt sich auf Überresten eines Straßenbahndepots ein Geisterspielplatz.

Auf dem Weg zur Tabakfabrik von Eicken, Hoheluftchaussee 95, war bis 2019 an der Fassade des Hauses 83 ein historisches Reklame-Wandbild für »Seifix« zu sehen: Sieben Zwerge preisen »Dr. Thompsons selbsttätiges Bleichmittel« an. Das nun weiß übermalte Werbemotiv hat mehr als 100 Jahre auf dem Buckel. Älter jedoch ist die Tabakfabrik. Sie wurde zwischen 1902 und 1903 nach Plänen von Gustav Schrader im damals neuen Industriegebiet Hoheluft errichtet. Familie von Eicken betrieb bis 1866 in Mühlheim an der Ruhr einen Kolonialwarenhandel mit der Fabrikation von Pfeifen- und Schnupftabak. Dieser Geschäftszweig wurde kontinuierlich ausgebaut und 1886 nach Hamburg verlegt. Von nun an ist ihr Firmenmotto »Aus Freude am Tabak«. Er soll Genuss und Lebensfreude schenken. So wurde Tabak aller Provenienzen speziell mit Honig aromatisiert. Das fünfgeschossige Hauptgebäude, das einstige »Honighaus« für Lager und Produktion mit Maschinentrakt (heute Restaurant), Kontorhaus und Remise, ist in wilhelminischer Industriearchitektur gehalten. Repräsentativ gestaltet durch Ziergitter, Türmchen, Zinnen und Backsteinlisenen auf weißem Putz. Das markanteste Element wurde erst 1909 angefügt. Der ummantelte hohe Schornstein enthält einen Wasserbehälter und hat eine Fluchttreppe. 1983 verlegten die von Eickens ihren Standort nach Lübeck. Ein Jahr später entstanden auf dem Gelände Büros, Lofts und ein Restaurant.

Ein kleiner Schleichweg führt hinter dem Hauptgebäude zu dem Geisterspielplatz. Gespenstische Masken verzieren die Spielgeräte, Klettermöglichkeiten, Tunnelrutsche – ein wunderschöner Ort auf den alten Schienen der Hamburger Straßenbahn, deren Züge hier gewartet wurden.

Ehemalige Tabakfabrik von Eicken und Geisterspielplatz · Hoheluftchaussee 95
20253 Hamburg · U 3 Hoheluftbrücke

62 TOUR MIT COFFEE TO SWIM

»... Die Schleusen knirschten / Abenteuer brach aus allen Fernen / Überm Kanal / den junge Ausfahrtwinde wellten / wuchsen helle Bahnen / In deren Licht ich trieb / Schicksal stand wartend in umwehten Sternen / In meinem Herzen lag ein Stürmen wie von aufgerollten Fahnen« (Vorfrühling, Ernst Stadler).

Im Wonnemonat zieht es Naturhungrige wieder in die Parks und aufs Wasser. Rund 60 Kilometer lang und von gut 2470 Brücken überspannt ist das Netz der Hamburger Kanäle und Fleete. Um das zu erkunden, empfiehlt sich der Start beim »Kübis Bootshaus«. Anders als bei den Massenvermietern ist bei Küntzels, die Bootswerft vom Hausherrn liegt gleich daneben, alles familiär. Der Eingangsbereich ist wie der Gang ins Wohnzimmer. Ein eigener Bootsmann hilft beim Be- und Entsteigen äußerst neuer, sauberer Boote bzw. Kanus. Auf einer unprätentiösen Terrasse mit alter Bootsreling kann man bei Kaffee und Kuchen kurz verweilen.

Eine schöne Tour beginnt am »Goldbekkanal«: Nachdem Sie links in den »Mühlenkampkanal« eingebogen sind, können Sie sich im »Café am Kanal« schon mit einem »Coffee to Swim« stärken. Danach biegen Sie rechts in den »Langen Zug« ein und halten sich über die Außenalster weiter rechts, unter der linken der beiden Brücken hindurch, und gelangen »in die Alster«. Die Krugkoppelbrücke, von Fritz Schumacher konstruiert, mit Kandelabern, einer zweischwänzigen Sirene und Keramikverzierungen geschmückt, ist absolut sehenswert! Vorbei geht es nun an der Einmündung des Isebekkanals linker Hand, dann immer geradeaus. Vor der Hudtwalckerbrücke biegen Sie rechts in den Leinpfadkanal ein. Am Ende des Kanals erreichen Sie linker Hand den Rondeelteich. Hier halten Sie sich rechts und verlassen den Teich über den Rondeelkanal. Gleich links geht es unter der Bellevuebrücke hindurch in den Goldbekkanal und vorbei am Mühlenkampkanal (rechter Hand) zu Kübis Bootshaus. Die Strecke dauert ca. zwei Stunden im gemütlichen Tempo.

Damit Sie sich nicht verpaddeln, gibt es bei Bedarf Übersichtskarten der Fleete und Kanäle.
Kübis Bootshaus Küntzel · Poßmoorweg 46 E · 22301 Hamburg
Tel. 040/279 67 41 · U 3 Borgweg

KÜBI'S BOOTSHAUS
KIOSK
CAFE
KANU-VERMIETUNG-LAGERUNG

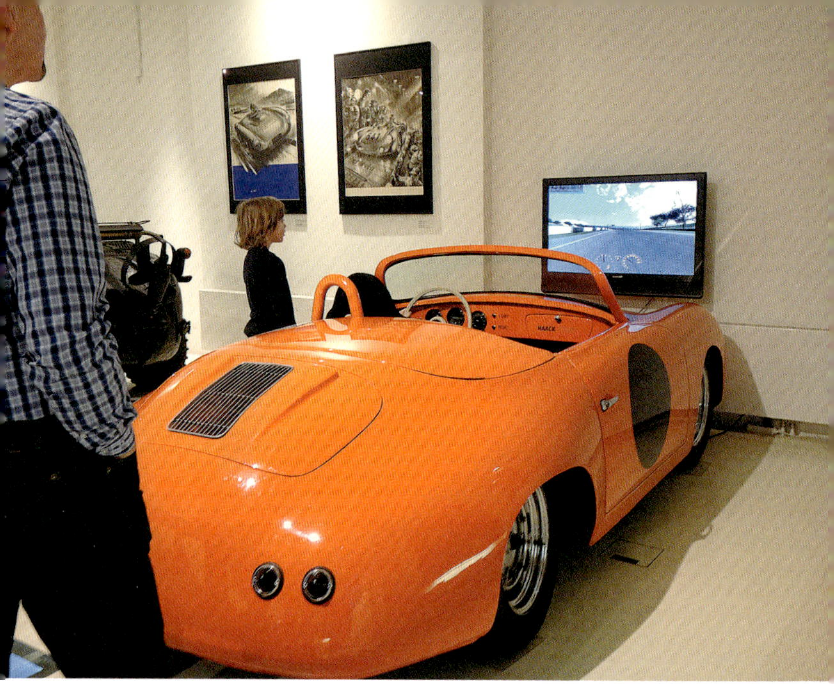

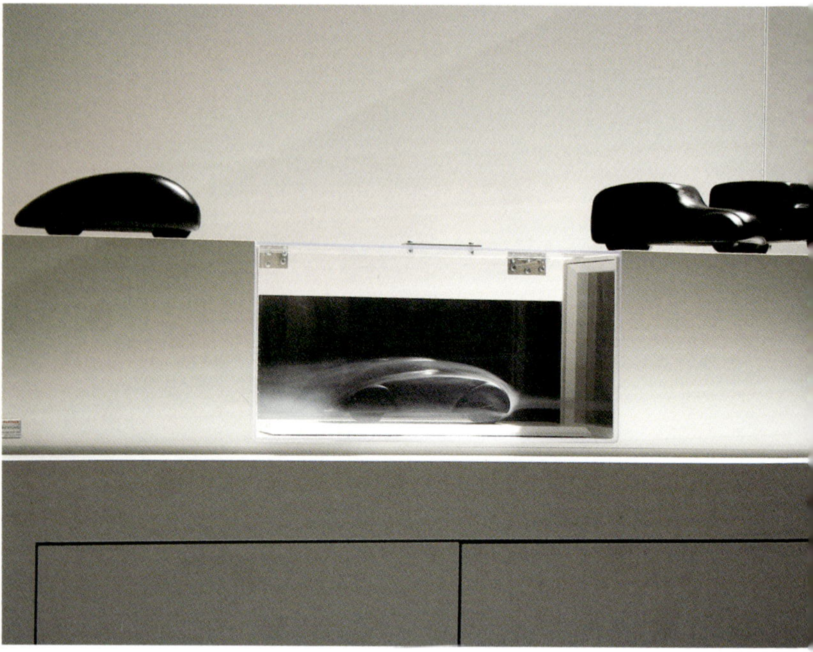

KLOTZMODELLE UND WINDSCHNITTIGES

63

Von der Vorkriegskarosserie bis zur Stromlinienform war es ein weiter Weg. Was passiert, wenn der Fahrtwind auf verschiedene Automodelle trifft, ist im Untergeschoss des Automuseums Prototyp zu erleben. Im hauseigenen Windkanal darf das jeder Besucher selbst ausprobieren.

Wie behäbige Klötze wirken zwei der schwarz glänzenden Modelle. Es bestätigt sich nach dem Knopfdruck. Der herausströmende Rauch bildet Wirbel an den unmöglichsten Stellen. Das konnte ja nichts werden. Warum sich also nicht am Huhn orientieren? Es käme kaum auf die Idee, einen Quader herauszupressen. Welch genialer Schachzug der Natur die Eiform ist, zeigt sich am nächsten Modell. Das Holzwägelchen kommt heutigen Karossen schon näher. Bereit stehen insgesamt vier Miniaturmodelle von Versuchswagen aus den 1930er-Jahren, die Aerodynamiker wie Wunibald Kamm und Paul Jaray entwickelten.

> In der begehbaren Audiobox verwöhnt Motorensound Ihre Ohren. Auch die Sonderausstellungen des Museums lohnen sich.

Das Museum Prototyp zeigt auf zwei denkmalgeschützten Fabriketagen rund 40 seltene Sportwagen und andere automobile Raritäten. Der Windkanal zog anlässlich der ersten großen Sonderausstellung »Stromlinie. 100 Jahre gegen den Wind« ein. Viele Besucher übersehen ihn, weil er sich im Backsteingewölbe des Untergeschosses befindet und sie es nicht schaffen, vom Erdgeschoss wegzukommen, denn dort wiederum steht der Porsche-Fahrsimulator. Ein ehemaliges 356 A Cabriolet flitzt nun als orangefarbener Speedster über die virtuelle Rennstrecke. Für das Museum war es eine große Herausforderung, das Originalauto in einen Fahrsimulator zu verwandeln. Es ist gelungen. Wer einmal darin Platz genommen hat, ist ihm rettungslos verfallen und kann sich so ganz dem Rausch der Geschwindigkeit hingeben. Zum Glück war in dem Baujahr die Ära der Klotz-Modelle schon vorbei.

Automuseum Prototyp · Di–So 10–18 Uhr
Shanghaiallee 7 · 20457 Hamburg · Tel. 040/39 99 69 70 · www.prototyp-hamburg.de
U 4 Überseequartier

64 VERGESSENE PERLEN DER KUNST

Das Südquerhausfenster im Kölner Dom von Gerhard Richter kennt jeder. Bemerkenswerte Werke dieses Genres finden sich aber auch im Museum am Rothenbaum. Wissen Sie noch etwas über die Raumkünstler des 20. Jahrhunderts? Otto Fischer-Trachau (1878–1958) ist einer, den es lohnt wiederzuentdecken.

Als siebtes Kind eines Fabrikarbeiters wurde 1878 bei Dresden Otto Fischer-Trachau geboren. Als 19-Jähriger hatte er seinen Maler-Gesellenbrief in der Tasche. Als 24-Jähriger erhielt er die entscheidende Prägung für seinen Weg als Raumgestalter in der Dresdner Kunstgewerbeschule, später an der dortigen Kunstakademie. Der Hamburgischen Sezession, einer expressionistischen Künstlergruppe, gehörte er von 1919 bis 1933 an. Von Marsmenschenkostümen über Dekoration bis hin zu Plakaten – der vielseitige »OF-Tr.« war ein gefragter Grafiker der legendären Künstlerfeste.

In den 1920ern und 1930ern brachte Fischer-Trachau in enger Zusammenarbeit mit Fritz Schumacher Farbe in viele öffentliche Bauten. 1912 kreierte er die Innenraumgestaltung des damaligen Völkerkundemuseums: drei Glasfenster über den Eingangstüren, 15 Fenster im Treppenaufgang, ein ornamentales Deckenfenster und zwei Malereien über den Eingängen zu den Ausstellungen im Erdgeschoss. Die figürlichen Supraporten, eine männliche und eine weibliche Figur, deuten bereits eine später zum expressiv-kubischen Stil weitergeführte Formensprache an und könnten auf die Entstehungsmythen aller Welten Bezug nehmen. Fischer-Trachau wurde Professor der Kunstgewerbeschule in Wiesbaden. Der Sohn seiner jüngsten Tochter, Jochen Baake, archiviert heute den Nachlass. Originalwerke Fischer-Trachaus können sogar erworben werden. Eine besonders sympathische Seite an ihm war, dass er trotz seiner hohen Bildung stets auf dem Boden blieb. So äußerte er seinem Enkel gegenüber, man könne malen, was man wolle, und wenn's ein Haufen sei, es komme nur darauf an, wie man es male.

Museum am Rothenbaum. Kulturen und Künste der Welt (MARKK), lohnenswert für Kinder
Di–So 10–18 Uhr, Do bis 21 Uhr · Rothenbaumchaussee 64 · 20148 Hamburg
Tel. 040/428 87 90 · U 1 Hallerstraße

HEUTE WILL ICH RAUS!

65 ERBEN DER GROSSEN STURMFLUT

In der Nacht vom 16. Februar 1962 halten die Deiche Hamburgs dem Hochwasser nicht mehr stand. Der Orkan reißt Wassermengen, Menschen und Häuser mit sich. Die Flutwelle fordert 317 Menschenleben, 20 000 werden obdachlos. Die Katastrophe war Auslöser für die Entstehung des Wasserparks Dove-Elbe und des Eichbaumsees. Der 2 Kilometer langen Regattastrecke in der Elbe fielen einige schöne Plätze zum Opfer. Dennoch ist der ursprüngliche Charakter eines Flussarmes aus dem Elbe-Urstromtal noch zu erahnen. Schwarzpappel, Weide, Graureiher, Eisvogel oder Kormoran gehören zu den typischen Bewohnern dieser Landschaft. In das Wasser gebaute Stege nahe dem Beobachtungsturm des Ruderzentrums bieten einen traumhaften Blick auf den Sonnenuntergang.

Wasserpark Dove-Elbe mit Eichbaumsee und Landesleistungszentrum
Allermöher Deich 70 · 21037 Hamburg · S 2, S 21 Mittlerer Landweg · Bus 321

66 EIN POSITIVER PANZER-EFFEKT

Wo 1992 noch Einheiten der Panzergrenadierbrigade 17 stationiert waren, liegt heute savannenähnliches Weideland, auf dem Galloways, Rinder, Heidschnucken, Schafe und Burenziegen grasen. Panzer hatten hier einen positiven Effekt. Erstens wurde das Areal von landwirtschaftlicher Düngung mit Pestiziden verschont und zweitens konnten sich im durch Kettenräder aufgerissenen Boden seltene Pflanzen und Tiere ansiedeln. Die wunderbaren Wanderpfade des Höltigbaums und des Stellmoor-Ahrensburger Tunneltals, in dem seltene Libellenarten, Kammmolche oder Waldeidechsen zu Hause sind, bieten viel Abwechslung. Es gibt eine interaktive Ausstellung im »Haus der Wilden Weiden« mit Verkauf kulinarischer Spezialitäten.

Naturschutzgebiete Höltigbaum · Ahrensburger und Stellmoorer Tunneltal
»Haus der Wilden Weiden« · Eichberg 63 · 22143 Hamburg · www.hoeltigbaum.de
www.nabu.de (Schutzgebiete) · Bus 462 Naturschutzgebiet Höltigbaum

DIE »TITANIC« VON BLANKENESE

67

Spaziergänger kennen die düster anmutenden Schiffsüberreste, die vor dem Strandweg aus dem Wasser ragen. Es gilt, zum richtigen Zeitpunkt zu kommen. Erst bei Ebbe gibt die Elbe ihre Geheimnisse preis, und es eröffnen sich ungeahnte Perspektiven.

Ein Drama spielte sich am 19. Dezember 1975 vor Wittenbergen auf der Elbe ab. Der Frachter »Mieczslaw Kalinowski« läuft auf falschem Kurs. Wie aus dem Nichts taucht der Bug der »MS Widau« vor ihm auf. Ihr Kapitän hat keine Möglichkeit auszuweichen. Durch die Kollision wird sein Küstenmotorschiff abgedrängt und stößt mit dem heranfahrenden Binnenmotorschiff »Uwe« zusammen. Beide Schiffe sinken, drei Seeleute kommen ums Leben. Drei Monate später kann die »Widau« komplett geborgen werden. Die »Uwe« aber ist in zwei Teile zerbrochen.

Wann an der Elbe Ebbe ist, verkündet zum Beispiel das Bundesamt für Seeschifffahrt und Hydrographie: www.bsh.de (unter Themen > Wasserstand und Gezeiten).

Mit einem Hebeponton der Bergungsfirma Taucher Ottar Harmstorf gelang es, Reste des Bugs aus dem Wasser zu bergen und zerlegt abzutransportieren. Das schwerere Heck schleppte man vor das damalige Firmengelände am Falkensteiner Ufer. Dort liegt es noch immer. Aufrecht ragt es aus der Elbe, als sei das Schiff gerade erst im Begriff zu versinken. Nur 30 Meter weiter steht eine dunkle Wand im Wasser. Es ist das, was von der »Polstjernan« übrig blieb, einem finnischen Viermastschoner, der 1926 im Nord-Ostsee-Kanal in Brand geriet. Die Bergungstaucher beförderten ihn nach Blankenese, wo sein hölzerner Rumpf seither als Wellenbrecher dient. Bei Ebbe kann man ihn umrunden und spannende Dinge entdecken. Hölzerne Planken, Kupfernägel, sogar die Schiffsschraube tritt aus dem Elbsand hervor. Die großen Metallteile stammen von einem U-Boot. Sie wurden in den Schiffstorso gesetzt, damit er bleibt, wo er ist. Vor Blankenese lagen einst Teile von sechs versunkenen Schiffen.

Die Wracks von Blankenese · Am Strandweg zwischen Falkensteiner Ufer und Wittenbergen
Bus 48 (»Bergziege«) bis Falkensteiner Ufer

68 DER DJ VOM WILLKOMM HÖFT

Sehr wenige Menschen auf der Erde können Begrüßungskapitän werden. Schließlich gibt es nur in Wedel ein Willkomm Höft! Eckhart Bolte legt für die ein- und auslaufenden Schiffe eine Hymne auf und unterhält die Gäste über das Mikrofon. Ein nautischer DJ im 2012 trendig umgestalteten Schulauer Fährhaus.

Geblieben sind die alten Musikkassetten. Von Algerien bis Zimbabwe reihen sich die Nationalhymnen auf den fein säuberlich beschrifteten Tonträgern. Auch das Schaltgerät stammt noch aus den 1960er-Jahren. Eckhart Bolte kann damit die Lautsprecherboxen einstellen, die Flagge dippen und die Mastbeleuchtung des Willkomm Höft zum Glühen bringen. Er ist der dienstälteste Begrüßungskapitän in Wedel. Wenn ein Schiff ein- oder ausläuft, spielt er die passende Hymne zur Flagge. Nach jedem Lied nimmt er das Mikrofon und erzählt etwas über Tonnage und Tiefgang, das Baujahr und Ziele, die Fernweh wecken. Dabei helfen ihm 17 000 Karteikarten und der tägliche Hafenbericht, neue Monitore und eine Webcam auf dem Dach.

Mehr als 30 Jahre lang hat Eckhart Bolte selbst Schiffe gebaut und verkauft: als Zinnguss-Modelle im Wiking-Maßstab. Als der Ruhestand kam, wurde er Begrüßungskapitän. Seit 2001 steht er auf der Brücke des Willkomm Höft, in schneidiger Uniform und mit Weite im Blick. Die Tür ist offen, damit Gäste Fragen stellen und Ansichtskarten kaufen können. Eckhart Bolte erzählt dann von seltenen Schiffen, wie jenem aus dem mongolischen Ulaanbaatar, für das es keine passende Hymne gab. Oder von dem kolumbianischen Schulschiff, dessen Besatzung in der Takelage in den Nationalfarben als lebende Flagge grüßte. Gegründet wurde das Willkomm Höft von Otto Friedrich Behnke (1899–1964). Er hatte als Kind am Elbstrand den Schiffen gewunken, doch es kam kein Gruß zurück. Er nahm sich vor: »Wenn ich groß bin, mache ich eine Schiffsbegrüßungsanlage!« 1952 machte er ernst und wurde fortan nie mehr übersehen.

Schulauer Fährhaus · Öffnungszeiten s. Homepage · Schiffbegrüßung tägl. 11.30–20 Uhr, bei Kreuzfahrtschiffen bis Sonnenuntergang · Parnaßstraße 29 · 22880 Wedel · Tel. 04103/920 00
www.schulauer-faehrhaus.de

Schiffsbegrüßungsanlage Willkomm Höft
Fine Dining im Strand

BASF
Nationalhymnen auf
Compact Cassetten

IN WEDEL AN DIE SÜDSEE

69

Eine Bucht, halbrund geschwungen wie im Bilderbuch. Ein breiter Strand mit feinem, hellem Sand. Palmen und tropische Drinks. Nein, wir sind nicht in der Karibik, sondern in Wedel an der Elbe. Zwischen Schulauer Hafen und Tonnenhafen liegt ein kleines Paradies.

Fast wie am Meer fühlt man sich in der weitläufigen Elbe-Bucht. Man muss wissen, dass es sie gibt, denn von der Straße aus sind nur Bäume zu sehen. Dahinter gibt es einen großen Spielplatz mit Matschanlage und anderen besonderen Geräten sowie Grills für das mitgebrachte Würstchen. Geradeaus lugt der Strand durch die Zweige. Rechts, also westlich des Strandbads, grüßt der alte Wedeler Tonnenhafen. Er ist seit 1928 in Betrieb. Damals bestand er aus einer Slipanlage und Werkstatteinrichtungen für die Tonnen, Leuchtfeuer und Schiffe. In der Stackmeisterei werden noch heute die Pegelanlagen und Wasserstandanzeiger überwacht. Die früher üblichen Profilpeilungen mit Peilstock und Peillot wurden durch moderne Echolotpeilungen ersetzt. Dazu baute man eine moderne Anlage auf dem Peildampfer des Amtes ein.

Wenn Sie doch mehr Meer möchten: Um die Ecke, am »Willkomm Höft«, legt ein Speed-Katamaran ab, der in drei Stunden nach Helgoland fährt. Infos unter www.helgoline.de

Wenn Sie zu jenen gehören, die lieber in die Südsee möchten, dann wenden Sie sich gen Osten, also nach links. Im »Beachlub 28 Grad« können Gäste unter Bambus sitzen oder in großen beschirmten Körben und sich mit Blick in den Caipirinha wegträumen. Die Brandung murmelt etwas von fernen Ländern, mal legt sie sich weit über den Sand, mal weicht sie zurück und gibt eine Schlickwelt frei.

Auch von ihrer Kraft erzählt sie, von Gezeiten und Strömungen. Darum bleibt es beim Planschen und Erfrischen, aber das macht nichts, dafür gehen hier viele andere Dinge: Schlickrutschen, Burgen bauen und den Optimisten beim Segeltraining zuschauen.

Strandbad Wedel · Beachclub 28 Grad · Hakendamm 2 · 22880 Wedel
Tel. 040/228 58 48 20 · www.28grad.net · S 1 Wedel

70 MUSEUM MIT KIEKEN UND HOHEN KANTEN

Ruhepol im Auf und Ab: Im Treppengeflecht des alten Fischerdorfes gibt es eine lohnende Waagerechte. Die Elbterrasse bietet weiten Blick und wunderschöne Fotoperspektiven. Ein kleines Museum berichtet über vergangene Zeiten.

Die weiße Bank mit der schönen Aussicht hat man meist für sich. Obwohl die Elbterrasse nahe am Strandweg liegt, kommen nur wenige Promenierende herauf. In allen Himmelsrichtungen sieht es hier hübsch aus: Im Süden glitzert die Elbe, im Westen entschwindet der Weg in den Hang, im Osten wächst das Treppenviertel fast bis in den Himmel. Wer sich nach Norden wendet, blickt direkt auf das reetgedeckte Dreehus mit seinem grünen Garten. Es ist eines der ältesten Häuser von Blankenese und beherbergt das Fischerhausmuseum.

In den Räumen wird verständlich, was es bedeutet, etwas »auf die hohe Kante« zu legen. Ausgestellt ist eine Truhe mit einem Fach für gesparte Groschen und Taler. Auch Kieken sind zu finden, mit Holzkohle betriebene Tage-Öfen, die sich Frauen als Wärmespender unter die Röcke schoben. Etliche Blankeneser stellten auch ihre Hauben aus Familienbesitz zur Verfügung, um der Nachwelt zu zeigen, wie sich Alltags-, Nacht-, Kinder-, Festtags- und Trauerhauben unterschieden. Ein anderer Raum präsentiert einen echten Säbel und einen Schwedenstiefel aus schwerem Leder. Beides wurde um 1840 bei Ausschachtungsarbeiten auf dem Süllberg gefunden. Die Exponate stammen vermutlich aus dem Nordischen Krieg (1700–1721).

Legendär ist die Tischflagge der Cap Horniers. Allen, die sich an diesem Stammtisch trafen, war die Umsegelung des südamerikanischen Caps geglückt. Sie entkamen damit dem weltgrößten Schiffsfriedhof, auf dem mehr als 10 000 Seeleute ein nasses Grab fanden. Die Hamburger Cap Horniers trafen sich wöchentlich auf dem Anleger Op'n Bulln und später im Schifferhaus. Die Tischflagge zeigt ihr Symbol, den Albatros.

Fischerhausmuseum Blankenese · Mai–Okt. jeden ersten Sonntag im Monat 14–17 Uhr
Besuche sind auch zu anderen Zeiten nach Absprache möglich · Eintritt frei
Elbterrasse 4–6 · 22587 Hamburg · Tel. 040/86 40 53 · S 1, 11 Blankenese

Das Fisc

DAS MOBILE KINO: FLEXIBLES FLIMMERN

71

Am Anfang steht ein besonderer Ort, den Holger Kraus entdeckt. Dann stellt er sich die Frage: »Welcher Film gehört hierher?« Seit 30 Jahren bereist er, mit mobilem Projektor und Filmleinwand die Stadt, um Zuschauer beim »Flexiblen Flimmern« mit ungewöhnlichen Perspektiven zu überraschen. Film und Stadtkulisse können sich dabei ergänzen, im Kontrast zueinander stehen oder einfach nur schön sein. Mal ist es ein Underground-Anarcho-Film im Altstadtquartier Gängeviertel, »Moby Dick« auf einem Schiff oder die Krankenhaus-Horror-Satire »GEISTER« in einem ehemaligen Sezierzimmer. Kraus möchte an solchen Orten den Zuschauern bewusst machen, dass sie Bewahrer eines Stadtgefühls sind. Zudem gestaltet er ein ideenreiches, sinnliches Rahmenprogramm – mit Requisiten, Essen und Lesungen.

Flexibles Flimmern · E-Mail: holgerkraus@flexiblesflimmern.de · Tel. 0179/949 63 29
www.flexiblesflimmern.de und unter www.facebook.com

EIN WASSER, WEICH WIE WOLKEN

72

Der Wald ruht entlang der Ufer, Libellen und Schmetterlinge tanzen vor dem Schilf. Schwimmer drehen ihre Runden. Das Sachsenwaldbad entführt in eine Zeit, in der man Badekappen trug und der Regen nie sauer war. Laut der Analyse von Experten ist sein Wasser von hohem gesundheitlichem Wert, weil seine Wirkung mit der von essigsaurer Tonerde zu vergleichen ist. Wer hineinspringt, spürt gleich, was gemeint ist. Das Wasser trägt den Schwimmenden wie eine Wolke. Weich und geschmeidig fühlt sich die Haut nach dem Baden an. Der Badesee entstand in der Ziegeleigrube des Friedrichsruher Tonwerkes, wo die damalige Grundeigentümerin, Ann-Mari Fürstin von Bismarck, 1958 eine öffentliche Badeanstalt mit Kabinen, Duschen, Sprungturm und Rutsche einweihte.

Naturfreibad Sachsenwald-Bad Tonteich · Am Tonteich 35 · 21521 Wohltorf · Tel. 04104/28 93
www.tonteichbad.de · Anfahrt mit dem Auto: A1, Abfahrt Reinbek/Glinde (ca. 25 km/30 Min. ab Hamburger Innenstadt) · S 21 bis Wohltorf, von dort 10 Minuten Fußweg

Caspar
Voght

MIT DER BEIFUSSFRAU DURCH DEN JENISCHPARK

73

Der Blick geht weit über sanft gewelltes Grün, unten glitzert die Elbe. Unter Baumkronen sitzen Menschen auf Picknickdecken. Groß und herrschaftlich kennt man den Jenischpark. Eine Frau hat es sich zur Aufgabe gemacht, Besuchern das Kleine näherzubringen.

Was nach Grasland aussieht, birgt ungeahnte Kräfte. Zum Beispiel der Gundermann, der Schnupfen beseitigt und Entzündungen hemmt, oder der Giersch, der reich an Vitaminen ist. Zu jeder Blüte, jedem Blättchen, das aus dem Gras lugt, weiß Daniela Wolff etwas zu berichten. Die Heilpraktikerin führt zu kleinen Naturwundern, die der Jenischpark in verschwenderischer Vielfalt bereithält. Jede Tour hat ein eigenes Thema, bei der Sie eine Menge Hintergrundwissen erfahren, zum Beispiel, dass der Ausruf »Ach du grüne Neune!« von einer stärkenden Suppe stammt oder Seemännern ein Kraut gegen Skorbut gewachsen war. Zum Abschluss gibt es dann noch Kochrezepte. Bald brodeln auf dem heimischen Herd Wildkräuter-Smoothies, Erkältungstees oder ein Gebräu, das aus Nerven Drahtseile macht.

Schmidtchen im Park ist eine Café-Idylle zwischen Schaugewächshäusern und Jenisch-Haus. Bei Regen geschlossen, www.schmidt-und-schmidtchen.de

Schon Caspar Voght (1752–1839) sah das Besondere im Flottbek-Tal, einer Landschaft, die im Dreißigjährigen Krieg weitgehend entvölkert worden war. Der Kaufmann, Landwirt, Gartenkünstler und Gentleman erwarb 1785 umliegende Ländereien mit ihren Höfen. Beeindruckt von seinen Reisen nach England und Schottland gestaltete er sie nach dem Vorbild der Ornamented Farm »The Leasowes« des Dichters William Shenstone. So entstand ein Mustergut, in dem landwirtschaftliche Nutzflächen und Parkästhetik harmonierten. Im Jahr 1828 verkaufte Voght das Anwesen an den Hamburger Bankier und Senator Martin Johann Jenisch. Deshalb darf der Park nun seinen Namen tragen, während der Baron mit einer Straße vorliebnehmen muss.

Jenischpark · Baron-Voght-Str. 50 · 22609 Hamburg · Kräutertouren mit Daniela Wolff
Tel. 0151/15 38 49 15 · www.beifussfrau.de · S 1, S 11 Klein Flottbek

74 VON DER PARZELLE ZUM ABENTEUERPLATZ

Hamburger haben es gut. Während andere für ein Campingwochenende quer durch die Republik fahren müssen, gelangt man hier nach kurzer Radtour in ein Paradies am Elbufer. Auch ohne Zelt oder Wohnwagen ein lohnendes Ziel.

Das Erste, was die meisten vom ElbeCamp sehen, ist Garip Yavuz. Er trägt einen zerknautschten Hut auf dunklen Locken und sagt Sätze wie: »Ich verbeuge mich vor dem Leben in voller Dankbarkeit.« Er schaut den Menschen auf den Herzensgrund und hat einen Adlerblick für das, was im Leben wichtig ist. Ersatz für einen Lenkdrachen finden, zum Beispiel, damit Kindertränen versiegen. Oder ein vergessenes Zelt organisieren, ein Lagerfeuer zum Lodern bringen, einen Wohnwagen mit dem Traktor ziehen. Seit 2006 leitet er den Campingplatz, seitdem wachsen hier bunte Schilder mit freundlichen Botschaften, es gibt Feuertonnen und Fahrräder, W-LAN und, wie der Betreiber betont, »sogar ein elektronisches Anmeldeformular«.

Hinter dem ElbeCamp steht der vor mehr als 100 Jahren gegründete Verein Kinderschutz und Jugendwohlfahrt e.V. Mit den auf dem Campingplatz erwirtschafteten Überschüssen werden Jugendcamps organisiert, für die ein eigenes Areal auf dem Platz eingerichtet wurde. Hier haben bedürftige sowie körperlich oder geistig behinderte Kinder und Jugendliche die Möglichkeit, ihre Sorgen für eine Weile hinter sich zu lassen. Und jeder Gast ist automatisch Spender. Zuvor befand sich hier ein Dauercampingplatz mit klassischer Parzellenstruktur. Garip ließ »Lkw-Ladungen von Waschbetonplatten« wegräumen und Wege anlegen. Die Gäste sollen sich treiben lassen können. Hinzu kamen nagelneue sanitäre Einrichtungen und ein Mitmachzirkus. Im Grill-Biergarten »Lukus« gedeiht Urlaubslaune bei chilliger Musik. Elbradler und Spaziergänger treffen auf Dauercamper und Wochenendabenteurer. Die Stimmung steigt beim hauseigenen Osterfeuer oder zum Public Viewing beim Länderspiel. Mittendrin grüßt, darauf kann man sich verlassen, Garip Yavuz.

Campingplatz ElbeCamp · Falkensteiner Ufer 101 · 22587 Hamburg · Nov.–März geschlossen
Tel. 040/81 29 49 · www.elbecamp.de · Bus 189 Haltestelle Tinsdaler Kirchenweg · zu Fuß den Wittenbergenerweg runter, sich links haltend bis zum Falkensteiner Ufer (10 Min.)

HAMBURG
info
CHEM.
TOILET
Elbe

75 BEIM BAHNENZIEHEN KAPITÄNEN ZUWINKEN

Auf der nördlichen Elbseite gibt es viele schöne Plätze zum Schiffegucken. Spätestens bei Sommerhitze aber fehlt etwas: das Wasser. Nicht vor der Nase, nein, auf der Haut. Hineinspringen und ein paar Runden kraulen. Stoßseufzer: »Na ja, man kann ja nicht alles haben!« Kann man doch: im Freibad Finkenwerder.

Es gibt nur ein Außenbecken mit einer kleinen Rutsche und einem kleinen Sprungturm. Und ein Kinderplanschbecken. Kein Zehn-Meter-Brett, keinen Multi-Spaßbereich mit Pilzen, die Wasser sprühen, und Blubberkanälen, aber solche Dinge braucht das Freibad Finkenwerder auch nicht. Sie würden gar nicht wahrgenommen, denn die Bühne gehört der Elbe. Vor Becken und Liegewiesen ziehen Containerriesen und Kreuzfahrtschiffe vorbei, während man

selbst in Rückenlage auf dem erfrischenden Nass treibt. Das Freibad Finkenwerder hat 20 000 Quadratmeter Liegefläche, der Außenpool immerhin 50 Meter Länge, und wer tatsächlich keine Schiffe mehr sehen möchte, geht Sie in den halb so großen Innenpool. Zum Freibad kommt man am besten selbst mit der Hafenfähre. Von Finkenwerder sind es nur 500 Meter. Gegenüber steht das Lotsenhaus Seemannshöft. In dem 1914 errichteten Backsteinbau sind die Hafenlotsen, der Schiffsmeldedienst und die nautische Zentrale zu Hause. Während man drüben auf Kräne guckt, schlägt hier das Herz des Hafens. Ohne Lotsen kämen die großen Pötte gar nicht so weit. In mancherlei Weise also ist das Freibad Finkenwerder mit Orten wie der Strandperle vergleichbar, mit Gras statt Sand, mit erquickendem Nass, dafür ohne Kult. Aber der kann ja noch kommen.

Anschließend können Sie Finkenwerder Scholle genießen – traditionell mit Speck oder Nordseekrabben und meist mit Kartoffelsalat. Zum Beispiel im »Finkenwerder Elbblick« (Focksweg 42).

Bäderland Finkenwerder · Öffnungszeiten siehe Homepage · Finksweg 82
Tel. 040/18 88 90 · www.baederland.de
Schiff: Linie 64 ab Teufelsbrück, Linie 62 ab St. Pauli Landungsbrücken

76

LETZTE HAMBURGER LITFASSSÄULEN

Seit 2008 verschwinden die historischen Litfaßsäulen nach und nach aus dem Hamburger Stadtbild. Den individuellen Charme ersetzen digitalisierte Säulen, deren Einbindung in ein vernetztes Werbesystem den analogen »Plakatkleber« überflüssig macht.

Früher war es normal, eine Säule zu umrunden, um zu wissen, wo die Musik spielt. Die spezielle Art der Werbetafeln erfand der Berliner Drucker Ernst Litfaß (1816–1874), sie waren 150 Jahre in allen großen Städten der Welt zu Hause. Seit 2008 ersetzen sie aalglatte, hell beleuchtete, sich drehende »City-Light-Säulen«. Die Plakate sind gewaltig, nur zwei Ankündigungen haben Platz, die Werbung kostet fast das Dreißigfache und die Werbechancen kleinerer, nichtkommerzieller Anbieter verschlechtern sich damit zusehends. Von der Werbewirtschaft wird jetzt ein Umfeld gefordert, welches ihre Botschaften sauber transportieren soll.

Vorgesehen ist, bis 2023 rund 500 Säulen abzureißen, an die 900 werden durch moderne »hinterleuchtete« Säulen aus Kunststoff ersetzt, 300 »klassische« Säulen bleiben übrig. Darunter acht historische Litfaßsäulen im Stil der norddeutschen Backsteingotik, die unter Denkmalschutz stehen. Der Sockel ist aus rotem Klinker gemauert und mit einem Rosettenkranz abgerundet. Die Spitze verschönt eine stilisierte Blume auf einem Kegeldach aus grün glasierten Biberschwanz-Dachziegeln.

Die wohl berühmteste ist die noch begehbare »kommunale Säule« auf dem Carl-von-Ossietzky-Platz an der Langen Reihe. Die Blumenverkäuferin Marianne Blask bot in diesem »Stück kreisrunder Gemütlichkeit« seit 1947 ihre Ware an – und Hans Albers kaufte hier Chrysanthemen. Die Tür wurde geschlossen, als der letzte Blumenhändler in den 1990ern drohte, die Säule in die Luft zu sprengen, als ihm gekündigt werden sollte.

Vom Einwohnerverein und der Geschichtswerkstatt St. Georg nun vor dem Abriss gerettet, bleibt sie ein beliebter Treffpunkt für die Bürger, mit der Auflage, sie selbst instand zu halten.

Denkmalverein Hamburg · Verein Freunde der Denkmalpflege e.V.
Max-Brauer-Allee 79 · 22765 Hamburg · www.denkmalverein.de

CIRCUS RONCALLI
TIME IS MONEY
HAMBURG KLOSTERTOR
11 NOV
WWW.RONCALLI.DE
BIRGIT MINICHMAYR
JÜRGEN VOGEL
GNADE
Steamboat Bill, Jr.
Kampnagel
ERIC CLAPTON
IN CONCERT
SA. 1.6.2013
HAMBURG - O2 WORLD
Bartók &
Schostakowitsch
Kammerkonzert
PERPETUUMJAZZILE
ENDLICH LIVE!
03.11.12 CCH 2 HAMBURG
CHOR ST. MICHAELIS
KRYPTA
KONZERTE
IM MICHEL
Liza Ferschtman Violine
Auf Bachs Gambe
Joachim Held Laute

77

DIE WUNDERBARE WELT DER GEHÖLZE

Baumgarten klingt streng wie Baumschule, und Gehölzsammlung tönt nach trockenem Museum. Das klangvolle Wort Arboretum aber entspricht genau dem bunten Mosaik der Gartenschau: Vielfalt und Schönheit von Gehölzen sowie Blumen aus aller Welt – einmalig in ganz Schleswig-Holstein.

In dörflicher Einsamkeit ist seit 1956 vor den Toren Hamburgs ein Arboretum herangewachsen. In diesem Baumpark sind über die Jahre rund 4000 verschiedene Arten von Pflanzen und Gehölzen zusammengekommen. Die erste sehnsüchtig erwartete Blüte im April ist die Dichter-Narzisse. Über 500 000 duften dann wie ein weißer Teppich auf der Wiese vor dem reetgedeckten Münsterhof. Es folgen die rosa blühenden Strauch-Pfingstrosen oder zarte über dem Wasser schwebende Lotosblüten auf dem Parksee (Ende Juli–Sept.). Nirgendwo anders in Deutschland gibt es sie in einer so ausgedehnten Freilandkultur. Im Bambusurwald konkurrieren acht verschiedene Arten. Die Stangen des »Zauberbambus« (*Phyllostachys vivax*) wachsen 48 Zentimeter in zwölf Stunden! Für Kinder ist ein Bambus-Dschungel-Pfad eingerichtet, während Erwachsene sich auf andere Weise dem Gewächs widmen können. Wenn eine Windböe nämlich die Stangen sanft gegeneinanderdrückt und wieder freilässt, kann der besondere Klang den Lauschenden in eine Art Trance versetzen.

> Der griechische Garten mit Tempel, Bassin und Pflanzen der Region bietet Anregung für den eigenen Wohlfühlort.

Die Norddeutsche Gartenschau hat 27 Farb- und Themengärten konzipiert, die nach wissenschaftlichen oder ästhetischen Gesichtspunkten gestaltet und mit Blumenbeeten geschmückt sind. Der Indian Summer in Norddeutschland bildet den Abschluss des Jahres und sorgt Ende Oktober mit Herbstfärbern wie Rot-Ahorn, Amber-, Nymphen- und Sauerbäumen für Farben des Sonnenuntergangs.

Norddeutsche Gartenschau im Arboretum des Kreises Pinneberg · Öffnungszeiten, Preise und Veranstaltungen siehe Homepage · Thiensen 4 · 25373 Ellerhoop · Tel. 04120/218
www.arboretum-ellerhoop.de · Bus 185 Ellerhoop/Arboretum

78 DAS TOR ZUR INNENSTADT

Rostbraune Eisenskulptur oder neonfarbener Schriftzug: Die Kunstwerke können aus dem vorbeifahrenden Auto oder der Bahn gesehen werden. Die Hamburger Zwillingsschwestern und Konzeptkünstlerinnen Gabriele und Barbara Schmidt Heins haben sich dieser Herausforderung aufs Unterschiedlichste gestellt. Das stilisierte Tor von 1989 am ehemaligen Eimsbütteler Marktplatz ist so auf einer Verkehrsinsel aufgestellt, dass Autofahrer in Richtung Innenstadt den von zwei Pfeilern gestützten Rundbogen wahrnehmen können. Gabriele Schmidt Heins setzt den Hamburger Slogan »Tor zur Welt« künstlerisch um. Ihre Schwester Barbara entwarf 1994 in Neonbuchstaben die drei Wörter »die eigene Geschichte«, die an zwei Orten aus der Fern- oder S-Bahn sichtbar sind: Mit dem meist versonnenen Blick aus dem Fenster kommen Erinnerungen an sich selbst hoch.

Das Tor zur Welt/Installation »die eigene Geschichte« · Kieler Straße, Eimsbütteler Marktplatz/ Hauptbahnhof Hamburg und Busbahnhof des Bahnhofs Harburg · 20257 Hamburg

79 KOMMANDOZENTRALE UNTER PÖSELDORF

Der Gang vier Meter unter die Erde ist düster. Eine Gasschleuse ermöglichte den Zutritt zum Bunker, mit nackten Räumen hinter vier Meter dicken Wänden. Der 1939 erbaute, zweiröhrige Bunker diente als separate Befehlsstelle. Hauptdomizil Karl Kaufmanns war die Reichsstatthalterei im »Budge-Palais«. Der Verein »Unter Hamburg« öffnete 2011 die Türen für Führungen durch dieses einzige Zeugnis Hamburgs, wie Nationalsozialisten der Führungsebene überlebten. Der Hamburger »Führer« übergab die Stadt 1945 kampflos und verhinderte so eine vollständige Zerstörung. Andererseits steuerte er 1933 bis 1945 die regionale NS-Regierung und damit die Deportation und Ermordung der Juden. Kaufmann, der früher Hilfsarbeiter war, wurde für seine Verbrechen nie bestraft und starb 1969 in Hamburg.

Kaufmann-Bunker · Harvesterhuder Weg 12 · 20148 Hamburg · Tel. 040/68 26 75 60
www.unter-hamburg.de · U 1 Hallerstraße

GESCHICHTE

80 AUSFLUG ZU DEN AUSTERNFISCHERN

Die Wedeler Marsch hat sich zum malerischen Anziehungspunkt für Vögel und Ornithologen entwickelt. Sie liegt im Knotenpunkt des ostatlantischen Zugwegs vieler Wasser- und Wattvogelarten.

Kühle klare Luft, ein Gefühl von Freiheit und die Vogelwelt zum Greifen nah erleben – das ist die Motivation eines jeden, der sich zur Carl Zeiss Vogelschutzstation inmitten der Kleientnahmestelle aufmacht. Etwa 15 Minuten benötigen Spaziergänger von der Gaststätte »Fährmannssand« aus. Kinder können sich hier erst einmal auf dem Abenteuerspielplatz oder bei Kaninchen, Ziegen und Ponys vergnügen.

Am Ziel präsentiert sich ein spannendes Schauspiel: Tausende von Zugvögeln und andere Vögel sausen durch die Luft. Silber-, Graureiher, Gänsesäger, Weißwangengänse, Tafel-, Löffelenten und Kiebitze rasten auf den Marschwiesen und picken sich ihren Winterspeck an. Bisher wurden 160 Arten, davon 80 Brutvögel, nachgewiesen. Das Wunderbare ist die ganzjährige Beobachtungsmöglichkeit, denn die Wedeler Marsch ist Durchzugs-, Rast- und Überwinterungsgebiet zugleich. Auf der großen Wasserfläche und dem feuchten Uferbereich wimmelt es im Frühling nur so von Kaulquappen, Fröschen, Würmern, Käfern, Echsen und Schlangen. Daran haben Austernfischer, Bekassinen und Säbelschnäbler ihre wahre Freude, während die Grünflächen und Inseln der angrenzenden Station heiß umkämpfte Nist- und Rastplätze sind.

Der Naturschutzbund (NABU), unterstützt von dem Hersteller Carl Zeiss Sports Optics, gestaltete 2006 einiges neu: Es gibt vier Beobachtungsstände am Ufer des Gewässers mit höhenverstellbaren Sehschlitzen. Durch die ausleihbaren Ferngläser kann man auch mal hautnah einen Exoten wie den Eisvogel vorbeihüpfen sehen. Anschaulich klären Schautafeln oder NABU-Mitarbeiter über Vogeltypen und deren Lebensweise auf.

Die Carl Zeiss Vogelstation liegt westlich von Fährmannssand in der Wedeler Marsch direkt hinter dem Elbdeich und ist ganzjährig geöffnet.

Infos und Wegbeschreibung unter: 040/64 85 52 53 · Geschäftsstelle des NABU Hamburg Tel. 040/6 97 08 90 · www.hamburg.nabu.de · Mi, Do, Sa 10–16 Uhr

Prana bar

PFERDELOSE REITBAHN MIT SUPER EIS

81

Ottensen war im 14. Jahrhundert ein eigenständiges Dorf. Ein wenig fühlt es sich noch immer so an, besonders bei der »Reitbahn«. Hier gibt es das für viele beste Eis Hamburgs und reichlich Gelegenheiten, die Leichtigkeit geselligen Herumstehens zu spüren. Um den Platz gruppieren sich kleine Wundertüten-Lokale.

Viele kommen nur hierher, um geduldig in der drei Häuser langen Warteschlange vor der »Eisliebe« zu stehen. Vielleicht liegt es am Namen, dass dabei alle lächeln und niemand ungeduldig mit den Füßen scharrt oder den Hintermann anpöbelt. Was an dem Eis besonders ist, bleibt ein Geheimnis. Spricht man die sich Vorfreuenden an, bekommt man heiteres Achselzucken als Antwort. Es sei einfach nur so unglaublich lecker. Womöglich liegt es aber auch etwas an dem Platz zwischen den Straßen Bei der Reitbahn, Eulenstraße und Große Brunnenstraße. Nahe dem Kemal-Altun-Platz, der inzwischen ein eigenes Straßenschild erhielt, befindet sich dieses lauschige Dreieck mit Bänken, eingerahmt von Fassadenzeilen besonderer Geschäfte. Die »Prana Bar« etwa ist kein Raum, in dem Getränke ausgeschenkt werden, sondern ein Laden für Vintage-Möbel der 1930er- bis 1970er-Jahre. Man darf sich auf die Sessel und Stühle vor der Tür setzen und einen mitgebrachten Coffee to go trinken. Es gefällt auch die große Sonnenterrasse beim Café Pavillon schräg gegenüber. Eine Entdeckung ist auch der lauschige Garten im Fair-Trade-Café »El Rojito«.

Wie es sich für einen anständigen Dorfplatz gehört, gibt es auch eine Kirche. St. Marien wurde 1891 eingeweiht, zu Zeiten, als Ottensen ein Arbeiterviertel war. Sie war zuvor eine Scheune und wurde nach Entwürfen des Hamburger Architekten Eduard Brettschneider in ein Gotteshaus verwandelt, wobei der Bischof von Osnabrück ein Wörtchen mitzureden hatte. Seit den 1970er-Jahren gehört der schmucke Backsteinbau den Franziskanern. Ottensen selbst wurde schon 1310 urkundlich erwähnt. Damals hieß es Ottenhusen und lag weit vor den Toren der Hammaburg.

Bei der Reitbahn · 22763 Hamburg · U- und S-Bahn und Bus bis Bahnhof Altona

82 DIE MADONNA DER MEERE

Unbewegt sitzt sie da und starrt auf das Meer, während Touristen Richtung Landungsbrücken strömen oder Aale-Dieter auf dem Markt seine Fische in die Menge wirft. Die »Madonna der Meere« ist ein Sinnbild für alle ewig auf See Gebliebenen. Ihre Schwester wohnt in einer Kapelle am Kap Hoorn.

Das Bronzemonument steht am Fischmarkt, gegenüber dem Schwimmdock 11 von Blohm + Voss. Der Bildhauer Manfred Sihle-Wissel schuf es 1985. Die *Madonna der Meere* sitzt auf einem Poller, die Beine mit den Armen umschlungen, den Blick zum Horizont gerichtet. Vielleicht kauert sie sich resigniert zusammen, vielleicht hält die Hoffnung sie fest. Zu ihren Füßen bricht eine Welle. Auf dem Sockel stehen die Worte »Der unvergänglichen See, den Schiffen, die nicht mehr sind, und den schlichten Männern, deren Tage nicht wiederkehren«, verfasst von dem polnischen Schriftsteller Joseph Conrad (1857–1924). So entstand der »Platz der Seefahrt«, eine kleine Gedenkstätte inmitten des großen Hafens mit seinen Ankünften und Abschieden.

Einer der Initiatoren des Denkmals war Kapitän Bernhard Masson. Er gehörte den Cap Horniers an. Nur wer das berüchtigte Kap Hoorn umsegelt hatte, durfte diesen Titel tragen. Die Vereinigung war 1937 im französischen Saint-Malo gegründet worden, im Jahr 2003 wurde sie aufgelöst, weil ihre Mitglieder ausstarben. Sie sorgte dafür, dass Seeleute, die nicht mehr wiederkehrten, eine angemessene Gedenkstätte erhielten. Das Symbol der Cap Horniers war der Albatros. Nach altem Seemannsglauben nehmen die Seelen der verstorbenen Seeleute die Gestalt dieses Vogels an, der den Schiffen oft lange folgt.

Eine kleine Kopie der Madonna steht in einer Kapelle am Kap Hoorn. Sie wiegt 13 Kilogramm und wurde von der Werft Blohm + Voss gestiftet. Im November 2001 brachte Kapitän Rudolf Wittenhagen sie an die Südspitze Amerikas. Viele der letzten Cap Horniers waren dabei.

Madonna der Meere · St. Pauli-Fischmarkt · S1, S3 Reeperbahn

83 DER BAUERNHOF VON OTTENSEN

Etwas »Ottenser Wildblüte« zum Frühstück gefällig? Die Bienenstöcke auf dem Dach des Motte e. V. machen es möglich. Auch der krähende Hahn gehört in Altona zur Nachbarschaft. Ein kleiner Bauernhof behauptet sich im Häusermeer.

Über den gepflasterten Straßen mit ihren Szene-Cafés, Kneipen und Geschäften wohnt ein Völkchen, das ausschwärmt, um Nektarquellen aufzusuchen. Genau genommen sind es mehrere Bienenvölker, die auf dem Dach des Ottenser Kulturzentrums »Motte« ihren Platz gefunden haben. Bis zu drei Kilometer weit fliegen sie, bis nach Planten un Blomen oder in die Elbvororte, jede Blüte der Großstadt birgt kleinen Reichtum. »Es ist gerade die urbane Vielfalt, die den Bienen optimale Sammelbedingungen bietet«, weiß Imker Georg Petrausch, »während auf dem Land oft Monokulturen dominieren, gibt es in der Stadt ein breites Angebot an blühenden Pflanzen und Bäumen.« Hier ein Rosenstock im Vorgarten, da Lindenblüten im Park, dort Blumenkästen auf Balkonen. Wiesenblumen auf Spielplätzen und Grünflächen. Von einer Blüte zur völlig anderen können Hamburger Bienchen wandern. »Schadstoffbelastet«, hört man den bewussten Verbraucher munkeln. Befremdlich erscheint der Gedanke, sich Honig auf das Brot zu träufeln, dessen Produktion etwa auf einer Verkehrsinsel begann. Dabei ist es genau andersherum: Stadthonig dient der Arterhaltung und ist genauso gesund wie Landhonig. Die Bienen reinigen den Nektar, und das Wabenwachs entzieht dem Honig die unerwünschten Stoffe.

Schon mit dem Hühnerhof, der 2021 sein 35-jähriges Bestehen feiert, setzte die »Motte« ein Zeichen. Zeitweise musste sie dafür kämpfen, weil nicht alle Nachbarn es idyllisch finden, wenn frühmorgens der Hahn kräht. Inzwischen gelingt das Miteinander von Natur und Stadt. So ist auch der Honig vom Dach schnell ausverkauft. Mit Glück können Sie die schmucken Gläser im Büro des Stadtteilzentrums Motte e. V. und in einschlägigen Ottenser Geschäften kaufen.

Motte Hühnerhof · Eulenstraße 43 · 22765 Hamburg · Tel. 040/399 26 20
www.mottehuehner.de · info@diemotte.de · Bahn und Bus Hamburg-Altona

Mottenburger Hühnertwiete
Tanzen hilft!
Stammplatz einer mit Beton und Abgas
verfolgten Kleintierrasse, heldenhaft un
opferreich verteidigt bis Dezember 399

Ottenser Wildblüte
500 g

IM GARTEN DES REEMTSMAS

84

Den Namen kennt man doch irgendwoher. Genau, er verdiente Millionen mit Pflanzen, die in Rauch aufgehen. Sein Sohn wurde entführt und wieder freigelassen. Uralte Bäume und der Badeteich des Zigarettenkönigs gehören heute zu einer Grünanlage, die nur wenige Spaziergänger von selbst finden.

In Othmarschen ist es wie beim Brettspiel. Wer ein Grundstück in der Parkstraße besitzt, hat ausgesorgt. So jemand war Philipp Fürchtegott Reemtsma (1893–1959), seinerzeit führender Zigarettenfabrikant. Er ließ einen Landsitz gestalten, der als Meilenstein der Hamburger Architekturgeschichte gilt, ein Vorreiter in der Epoche des Neuen Bauens und das wohl teuerste Privathaus der Weimarer Republik. Nach heutiger Rechnung flossen 18 Millionen Euro in das Gebäudeensemble, zu dem unter anderem ein Reitstall, Gewächshäuser und ein Hühnerhof gehörten.

Die Reemtsma-Villa in der Parkstraße 51 wurde von dem Architekten Martin Elsaesser entworfen. In den 1930er-Jahren nannte man sie auch »Haus K. in O.« (Haus Kreetkamp in Othmarschen), denn zur Südseite hin grenzt das Anwesen an die Straße selbigen Namens. Hier befanden sich der hauseigene Reitgarten, ein Rosenhof mit Teehaus und ein Badeteich mit Strand. Das Gewässer ist noch immer dort, nun mit Seerosen bewachsen. Man findet Ruhe in diesem zugänglichen Teil des Reemtsma-Parks und schöne alte Bäume. Am Teich stehen eine Sumpfeiche, eine große Platane und Zypressen; im Norden des Parks wachsen drei Urweltmammutbäume. Der Landschaftsgärtner Leberecht Migge (1881–1935) gestaltete die Gartenanlage. Zu erreichen ist sie von der Holztwiete aus. Ein lohnender Spazierweg führt daran vorbei und mündet in die Parkstraße. Die denkmalgeschützte Reemtsma-Villa gehört nun der Milliardärsfamilie Herz. Sohn Günther ließ das Gelände in eine exklusive Wohnanlage umgestalten. Vielleicht spielt er mit seinen Brüdern Michael und Wolfgang auch manchmal Monopoly. Hoffentlich streiten sie sich nicht wieder, wie Insider befürchten könnten.

Reemtsma-Park · Parkstraße 55 D · 22605 Hamburg
S 1, 11 Othmarschen

HEINRICH CHRISTIAN SCHUMACHER
3.9.1780 BIS 28.12.1850
KÖNIGL. DÄNISCHER KONFERENZRAT
UND PROFESSOR DER ASTRONOMIE
AN DER UNIVERSITÄT KOPENHAGEN.
AB 1815 UNTERNAHM ER DIE
GRADMESSUNG UND TRIANGULATION
DES DÄNISCHEN GESAMTSTAATES
UND DIE TOPOGRAPHISCHE AUFNAHME
VON HOLSTEIN, HAMBURG
UND LAUENBURG.
182 GRÜNDUNG DER STERNWARTE
ZU ALTONA IN DER PALMAILLE,
WO ER AUCH LEBTE UND STARB.

ALTONAER MERIDIAN – 0s

DER NULLMERIDIAN AN DER S-BAHN

85

Kaum einer weiß, dass Altona eine bedeutende Rolle bei der Vermessung Norddeutschlands im 19. Jahrhundert spielte. Die damals selbstständige Stadt besaß eine Sternwarte, die einen Nullmeridian definierte. Sie können ihn an der S-Bahn-Station Königstraße sehen.

Gäbe es einen Wettbewerb um die anmutigste S-Bahn-Station Hamburgs, die Königstraße gewänne ihn eher nicht. An die Innenwände eines alten Hallenbads, aus Zeiten der gestreiften Badekappen, erinnert der orange gekachelte 1970er-Jahre-Bau. Dafür besitzt er einen echten Nullmeridian. Zu finden am Ausgang »Behnstraße/Struenseestraße« neben der Fahrradstation. Der »Altonaer Meridian 0s 30′ 25″ östlich Paris« ist dort als Bronzeband im Boden eingelassen und setzt sich über die Gebäudewand fort. Daneben prangt kunstvoll das Bronzerelief »Lauschen im All«.

Direkt an der S-Bahn-Haltestelle befindet sich eine Leihstation von StadtRAD Hamburg. Hier können Sie sich auf einen der Drahtesel schwingen: www.stadtrad.hamburg.de

Dem Meridianband über die Palmaille und dem Fußweg hinunter zur Elbe folgend, entdeckt man am Zaun des Bundesforschungsinstituts für Seefischerei einen TP-Stein, einen Trigonometrischen Punkt der Landesvermessung. Hier stand von 1821 bis 1870 die Altonaer Sternwarte mit dem Meridiankreis, dem klassischen Messinstrument der Astronomen. Ihr Gründer und Direktor, Heinrich Christian Schuhmacher (1780–1850), war zuvor Professor an der Universität Kopenhagen. Nun vermaß er das dänische Hoheitsgebiet, zu dem Altona damals gehörte. Das begeisterte auch seinen Freund, den großen Mathematiker und Physiker Carl Friedrich Gauß, denn er war selbst gerade Sternwartendirektor in Göttingen.

Schuhmacher wurde auf dem ehemaligen Friedhof der Heiligengeistkirche beerdigt. Seit den 1970er-Jahren steht sein Grabstein neben der S-Bahn-Station Königstraße. Er vollendet gewissermaßen das Meridiankunstwerk des Hamburger Bildhauers Thomas Darboven (*1936).

S-Bahn-Station Königstraße · Behnstraße/Struenseestraße, zu erreichen mit S 1, S 2, S 3, S 31

86 HIER BLÜHTE FRAU KARL DRUSCHKI

Es gibt Orte, an denen man Kraft aus altem Zauber schöpft, sich von der ersten Minute an zu Hause fühlt. Ein solcher Genius Loci liegt im Garten de L'Aigle. Zumindest für diejenigen, die es lieben, auf verwilderter Fläche seltene Rosenstöcke aufzuspüren.

Versteckt mitten in Eppendorf liegt der Rosen- und Apfelbaumgarten der naturbegeisterten Lehrerin und Schriftstellerin Alma de l'Aigle (1889–1959). Schon ihr Vater hatte die Fläche zur Pflanzung verschiedener Apfelarten, Weinreben, Gemüse und seltenen Rosen genutzt und versucht, die Familie damit weitestgehend autark zu ernähren.

Ihr besonderes Augenmerk galt der Züchtung alter Rosensorten. Eines ihrer bekanntesten Bücher, »Begegnung mit Rosen«, ist so hingebungsvoll geschrieben, dass die Blumen während des Lesens zu duften scheinen. Alma de l'Aigle schreibt aber nicht nur über Rosen – sie ist gleichzeitig eine wache Gesellschaftskritikerin. So findet ihre Bemängelung des gefühlsarmen modernen Mensch auch im Porträt einer neuen Rosensorte Platz, bei der es zu Beginn des 20. Jahrhunderts nur noch auf Größe und Masse ankam: »Ich weiß noch, wie die blendend schöne, großblütige ›Frau Karl Druschki‹ in unserem Garten auftauchte. Selbstbewusst stand sie auf ihren kräftigen Stengeln. Wenn man ihr aber näher kam und in Zärtlichkeit ihr das Gesicht zuneigte, dann blieb sie kalt wie eine pompöse Frau, vollbusig, im gut sitzenden Korsett, mit Brillanten geschmückt, in üppiger Schleppe. Ach, sie hatte keine Seele! Kein Hauch von Duft entströmte ihr.«

Alma de l'Aigle war Reformpädagogin und lebte die Pädagogik, die sie weitergab: »Ja, Gärten und Kinder sind es, um die es sich lohnt zu leben.« Sie schrieb in Opposition zu Hitlers Vorstellungen Bücher über Erziehung und unterstützte mit Freunden wie Theodor Haubach und Carl von Ossietzky den Widerstand. Nach ihrem Tod wurde das Grundstück teilweise bebaut. Nur ein Drittel des ursprünglich 8000 Quadratmeter großen Areals konnte 1988 eine Initiative als Naturdenkmal erhalten.

Garten Alma de L'Aigle · Tarpenbekstr. 107, Zugang über Lokstedter Weg 102 · 20251 Hamburg
www.denkmalstiftung.de · U 1 Lattenkamp, Bus 22 Tarpenbekstraße

BRUNNEN FÜR EINE VIEL BESUNGENE DEERN

87

Bis das Markttreiben 1911 zum Deichtorplatz übersiedelte, befand sich der Platz für Gemüse, Obst sowie Blumen aus den Vier- und Marschlanden am Meßberg beim Chilehaus und Hopfenmarkt. Fischanbieterinnen übertönten die Gemüseverkäuferinnen mit ihrem lautstarken »labennige (lebendige) Scholln und Aale!«. Marktgeschäft war Frauensache. Dementsprechend bildet eine Vierländer Bäuerin in Tracht das Motiv für die Figur des Marktbrunnens, der nun einsam und vergessen vor dem Mahnmal St. Nikolai steht. Geschaffen wurde der Brunnen 1878 von Engelbert Peiffer und erst nach mehreren Umzügen fand die viel besungene Deern 1975 hier ihren Platz unter den Baumreihen. Zwischen den vier Wasser speienden Enten steht weise: »Auf dem Markt lernt man die Leute kennen«.

Vierländer(in)-Brunnen · Hopfenmarkt · 20457 Hamburg-Altstadt
www.denkmalstiftung.de
U 3 Rödingsmarkt · S 1, S 3 Stadthausbrücke

GEHEIMREKORD EINER PUTTE

88

Auch in Hamburg lustwandelten die Menschen durch kunstvolle Barockgärten. Einer der berühmtesten existierte bis etwa 1861 am inzwischen abgerissenen Schloss in Wandsbek. Hausarchitekt Carl Gottlob Horn besaß ein Anwesen mit einer großen Anzahl von Barockputten, kleine Knaben mit Flügel oder ohne, nackt oder leicht bekleidet. Am Neuen Jungfernstieg im Innenhof der Berenberg Bank, der ältesten Privatbank Deutschlands, steht ein solches Kleinod auf einem Elbsandsteinsockel. Angeblich soll es aus dem Garten des Grafen Horn stammen. Der nackte kleine Mann ist natürlich nicht so berühmt wie die Putte »Manneken Pis« aus Brüssel, wohl aber eine der ältesten Skulpturen Hamburgs, entstanden um 1730. Der Hof der Berenberg Bank ist von der Fehlandstraße aus frei betretbar (links halten und Augen auf, in den Grünanlagen versteckt sich der kleine Mann).

Berenberg Bank · Neuer Jungfernstieg 20 · 20354 Hamburg
U- und S-Bahn Jungfernstieg

89 DAS DAMPFBOOT-WARTEZIMMER

Unter der Lombardsbrücke verwundert eine Tür mit gusseisernem Gitter und seltenem Schriftzug. Vor fast 150 Jahren warteten hier Menschen auf die ersten Alsterdampfer. Bis es so weit war, wuchsen Boots- und Brückenbauern einige graue Haare.

Wo heute Betonbogen stehen, Autoverkehr und Schnellzüge zwischen beiden Alsterteilen rauschen, stand die hölzerne Lombardsbrücke. Für die Flussdampfer, wie sie seit 1816 auf der Elbe verkehrten, war die Durchfahrt zu schmal und zu niedrig. Im August 1857 traute sich die »Helene« als allererstes Dampfschiff, dafür musste die Besatzung ihren Schornstein niederlegen. Die durch die Holzbrücke ohnehin erhöhte Feuergefahr wurde für den Triumph in Kauf genommen. Eine Dauerlösung, sah man ein, war dies nicht. Während die einen Schiffsmakler resignierten, ließen die anderen ihre Schiffe kleiner bauen. Die »Alina« war ein Schraubendampfer für 50 Personen, nur 13,5 mal 2,5 Meter groß. Sie läutete am 15. Juni 1859 eine neue Ära ein: Die ersten regulären Linienfahrten mit nur einem Dampfer verbanden die Haltestellen Jungfernstieg, Rabenstraße und Auguststraße (schöne Aussicht).

Die »St. Georg« ist das älteste Dampfschiff Deutschlands (1876). Im Sommer legt es täglich im Stundentakt zur Alsterrundfahrt ab, Jungfernstieg Anleger 4, www.alsterdampfer.com

Schon bald vergrößerte sich die Flotte. Seit dem Jahr 1868 konnten die Schiffe unter der neuen steinernen Brücke hindurchfahren. An ihrer Südostseite führt eine Tür in das einzige erhaltene Dampfboot-Wartezimmer aus jener Zeit. Seit dem Zweiten Weltkrieg steht es leer. Es konnten seither keine Schiffe mehr unter der Lombardsbrücke anlegen, weil die Stege bei einem Luftangriff zerstört wurden. Fast schon etwas trotzig blieb nur eine gut sichtbare Anschrift zurück. Sie weist noch immer darauf hin, dass die beiden äußeren Brückenöffnungen ausschließlich als »Durchfahrt für Dampfböte« gedacht sind.

Dampfboot-Wartezimmer · Lombardsbrücke · U 1 Dammtor oder Hauptbahnhof

Dampfboot-Wartezimmer

90 DIE FALKENRIED-BUNKERBILDER

Zum 30-jährigen Jubiläum erstrahlten die versteckten Wandgemälde des Hochbunkers der Falkenried-Terrassen – 1890 erbaute Arbeiterunterkünfte, heute im teuren Viertel von Eppendorf – wie neu. Was sagen uns eigentlich diese monumentalen bunten Wandgemälde der Künstler Sönke Nissen-Knaak und Eckart Keller?

Die großen Bilder am Luftschutzbunker entstanden 1982, wurden gerade frisch restauriert und teilweise neu gestaltet. Es gibt ein großes Gemälde im Innenhof der Terrassen und insgesamt fünf thematisch unterteilte Bildstreifen zur Löwenstraße hin. Das gesamte Kunstwerk zeigt im Hintergrund eine Nordsee-Küstenlandschaft. Die der Straße zugewandte Seite ist die öffentliche. Thematisiert werden die Funktion eines Luftschutzbunkers, das Problem der Atomenergie, der technische Fortschritt, der auch Gefahr bedeutet, das Verhältnis von Mensch und Maschine sowie der Umweltschutz. Die Hauptaussage der Künstler aber ist, dass an diesem Ort verschiedene Kulturen miteinander leben und so eine positive Utopie darstellen. Diese wird in einem letzten Bildabschnitt zusammengefasst.

Die preiswerten Falkenried-Terrassen bestehen aus 320 Wohnungen, verteilt auf fünf Terrassengänge, ca. 30–50 Quadratmeter groß und werden selbst verwaltet.

Die zum Wohnbereich gerichtete Seite verewigt in einer Dünenlandschaft viele der damaligen und jetzigen Anwohner. Szenen aus ihrem Leben und die Geschichte der Falkenried-Terrassen stehen im Mittelpunkt.

Zwischen Stockrosen und Apfelbäumen entwarfen und diskutierten die Künstler mithilfe aller Bewohner ein 1:10-Modell im Innenhof der Falkenried-Terrassen. Es gab kein Konzept, das Bild wurde gemeinsam mit den Mietern entwickelt. Einer der Abgebildeten erinnert sich an den heißen Sommer 1982, als die ersten Pinselstriche erfolgten: »Kein Regen in Sicht und heiß war's; wir sind da nachts das Gerüst hoch und nackt oben auf dem Bunker rumgerannt.« Er lacht: »Damals, als wir noch jung waren!«

Falkenried-Terrassen · Falkenried 34 G · 20251 Hamburg
Tel. 040/420 54 21 · www.falkenried-terrassen.de · U 3 Hoheluftchaussee

DHL

CHINATOWN IN DER HAFENSTADT

91

Seit 2008 beginnt China gleich hinter dem MARKK. Im Yu Garden verführt das im Mittelpunkt stehende Teehaus zur Zeremonie des Genießens. Die dazugehörigen Gebäude lagen seit Längerem im Tiefschlaf, bevor sie prachtvoll wiedereröffnet wurden.

Der Besucher betritt über einzelne fein angelegte Kieselstein-Tierbilder ein kleines Stück Shanghai. Auf einer Brücke über einem Teich führt ein Weg, winklig angelegt wie versetzte Dominosteine, zum Teehaus. Vorbild ist der berühmte architektonisch hoch entwickelte Shanghaier Hu-Xin-Ting-Pavillon. Es geht vorbei an einem Wasserfall, einem steinernen Kranich inmitten künstlicher Felsen zu Gebäuden mit geschwungenen Pagodendächern und Holzschnitzereien: dem Restaurant mit einem Tourismus- und Kulturzentrum. Die Spiegelung im Wasser erzeugt Weite, und die weichen Formen des Gesteins wirken beruhigend. Rund sechs Millionen Euro ließ sich Shanghai diese Idylle kosten. Im Gegenzug überlässt Hamburg das wertvolle Grundstück für 30 Jahre unentgeltlich.

Das Teehaus dient auch als Tagungsstätte und kann von Verbänden, Unternehmen und Privatpersonen für Veranstaltungen gemietet werden. www.yugarden.hamburg

Anknüpfungspunkt ist die seit 1986 bestehende Städtepartnerschaft und die wichtige Handelsbeziehung zu China.

Dennoch musste das 2008 eröffnete Geschenk mit dem Teehaus vorübergehend geschlossen werden. Zu wenig Hamburger konnten sich für die original südchinesische Küche begeistern. Auch litt die fernöstliche Bauweise aus chinesischem Kiefernholz unter der rauen Hamburger Witterung. Doch Hilfe kam von Universität und Konfuzius-Institut: Aus dem ehemaligen Restaurant »Lü Bolang« wurde »Yu Garden« und aus dem Tourismus-Zentrum entstand wieder ein Ort lebendiger Kultur. Bis es so weit war, hielten das Teehaus »Yu Yuan«, der »Garten des Frohsinns«, ebenso wie der steinerne Kranich, Symbol für Ewigkeit und Harmonie, hier die Stellung.

Shanghai Yu Garden und Teehaus · Feldbrunnenstraße 67 · 20148 Hamburg · U 1 Hallerstraße

92 EIN MUSEUM FÜR ZUSATZSTOFFE

Ein ungewöhnlicher »Laden« befindet sich auf dem Gelände des Hamburger Großmarkts. Wie ein Einkaufsparadies eingerichtet, entpuppt es sich als Ausstellung zum Thema »Was wirklich drinsteckt«. Das Deutsche Zusatzstoffmuseum offenbart ein Leben in Chemie.

Aromen und Emulgatoren, Enzyme und Geschmacksverstärker, viele bunte Farbstoffe … Weithin bekannt ist, dass in Lebensmitteln reichlich Chemie steckt. Zur Herstellung von Lebensmitteln dürfen in der EU Tausende von Zusätzen beigemischt werden. Wie viel es wirklich ist, wird Sie in Staunen versetzen. Diesen Aha-Effekt liefert das kleine Museum auf dem Industriegelände, zwischen Kühlhallen und Sattelschleppern. Im Inneren kommt Supermarktstimmung auf, aber nur bis zu einem gewissen Grad. Schon manch einer stieg nach dem Besuch komplett auf Bio um. Hier lernen Sie etwa, dass Obst mit Schellack (E 904) lackiert wird, Zedernholzspäne für »natürliches Aroma« im Joghurt sorgen und modifizierte Stärke mit den gleichen Mitteln behandelt wird wie Bauschaum.

Auf der anderen Seite des Kanals liegt die Hafencity. Dort können Sie in der schrägen Oberhafenkantine einkehren (Stockmeyerstraße 39), www.oberhafenkantine.de

Experimente peppen den Rundgang auf. Tafeln und Schilder erklären, in welchen Lebensmitteln nicht deklarierte Zusätze enthalten sein können. Informiert wird auch über Verschleierungsmethoden und alternative Möglichkeiten. Das Deutsche Zusatzstoffmuseum ist ein Projekt der Hamburger Lebensmittelstiftung. Unterstützt wird es von FRoSTA, einem großen Hersteller für Tiefkühlkostprodukte, und anderen Firmen, die bei der Herstellung ihrer Produkte auf Zusatzstoffe verzichten. Einige der Produkte kann man im Museumsbistro probieren. Manche sehen darin Eigennutz. Eine lehrreiche Sache bleibt es dennoch.

Deutsches Zusatzstoffmuseum · Fr–Mi 11–17, Do 14–20 Uhr · Amsinckstr. 67 20097 Hamburg · Tel. 040/32 02 77 57 · www.zusatzstoffmuseum.de · Bus 3, 120, 124, 34 bis Nagelsweg, Zugang zum Museum am Tor Nord über ein Drehkreuz (dort klingeln) · S-Bahn bis Hammerbrook, Ausgang Süderstraße, von dort ca. 10 Min. zu Fuß

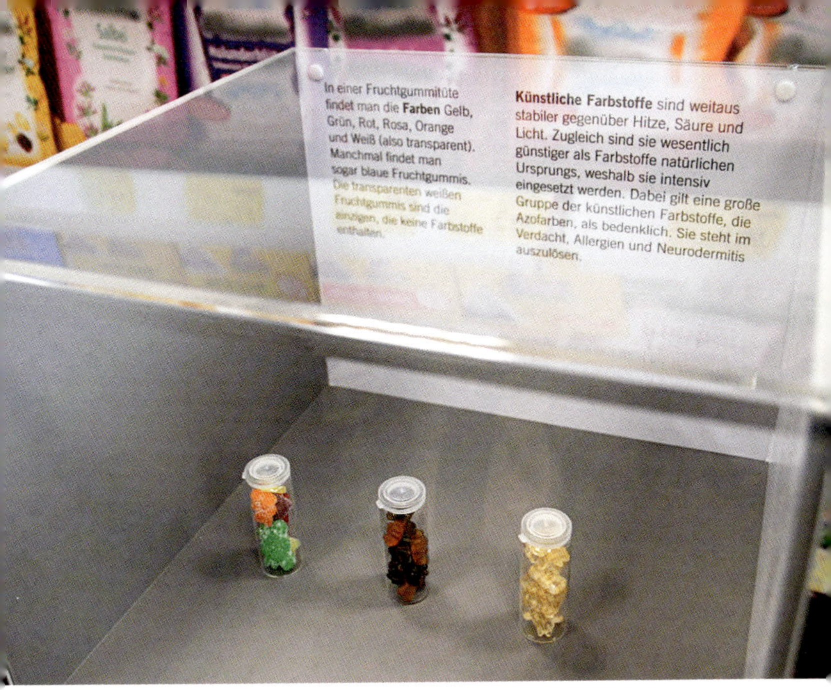
In einer Fruchtgummitüte findet man die **Farben** Gelb, Grün, Rot, Rosa, Orange und Weiß (also transparent). Manchmal findet man sogar blaue Fruchtgummis. Die transparenten weißen Fruchtgummis sind die einzigen, die keine Farbstoffe enthalten.
Künstliche Farbstoffe sind weitaus stabiler gegenüber Hitze, Säure und Licht. Zugleich sind sie wesentlich günstiger als Farbstoffe natürlichen Ursprungs, weshalb sie intensiv eingesetzt werden. Dabei gilt eine große Gruppe der künstlichen Farbstoffe, die Azofarben, als bedenklich. Sie steht im Verdacht, Allergien und Neurodermitis auszulösen.

Fluka
HEDINGER

BEDRÄNGTES STIFT IM SCHUTZ DER BLUTBUCHE

93

An der sechsspurigen Straße am Schlump sehen Sie beim Vorbeifahren plötzlich Ziegelflächen, Treppengiebel und eine kupferne Kuppel hinter Bäumen: Das ehrwürdige Schröderstift, einst von Studenten vor dem Abriss bewahrt, hat heute akustisch die Lebensqualität einer Autobahnraststätte, visuell aber ist es ein super romantischer Ort.

Ländliche architektonische Schönheit neben urbaner Moderne. Kaum zu glauben, aber das Schröderstift stand vor langer Zeit inmitten von grünen Wiesen. Auf einem Plan von 1854, als Hamburg noch in »Wall und Graben« lag, ist es das erste große Gebäude, das auf freiem Feld im »Papenland« vor den Toren der Stadt errichtet wurde. Ein Stich von Wilhelm Heuer um 1875 belegt dies. Die Dreiflügelanlage aus Backstein im Stil des Historismus errichtete der jüdische Architekt Albrecht Rosengarten 1852 für »unverschuldet in Not Geratene« im Auftrag des Kaufmanns Johann Heinrich Schröder. Blickfang ist die Stiftskapelle, deren Kuppel eine aufgesetzte Laterne verziert. Seit 2006 logieren hier die Koptisch- und die Äthiopisch-Orthodoxe Gemeinde.

Das parkartige Gelände teilt sich eine autonome innerstädtische Kommune von ungefähr 90 Mitgliedern samt Kinderwagen, Katzenkörben und Marmorkapelle. Geboren wurde dieses Projekt, als 1980 das Schröderstift abgerissen werden sollte. Dort lebende Studenten kämpften mit Flugblättern für den Erhalt. Schließlich gründeten sie 1981 die Mieterselbstverwaltung und schlossen mit der Stadt einen immer wieder verlängerten Leihvertrag. Der Zwist hörte aber nicht auf. Die Universität baute 2014 auf dem hinteren Naturstück, das bereits in den 1970ern teilweise dem Neubau des Geomatikums weichen musste, für 140 Millionen den Klimacampus. Ein wenig Glück brachte indirekt die Historie selbst, Alt-Schröderstiftler Wittfried Malik dazu: »Ich danke unseren Vorfahren für die große Blutbuche, die sie vor 120 Jahren hinter das Stift gepflanzt haben. Sie hat das Schlimmste verhindert. Sonst stände jetzt der Betonriegel direkt an unserer Hintertür!«

Mieterselbstverwaltung Schröderstift e. V. · Schröderstiftstraße 34 · 20146 Hamburg
Führungen der Stiftskirche nach Vereinbarung · Tel. 040/410 86 09 · www.msv-schroederstift.de
U 2, U 3 Schlump

94 GARTENDECK GROSSE FREIHEIT

Einige Häuser weiter versucht die Sünde zu schillern und Nie-Schlafende stolpern aus den Frühclubs. Hier hingegen gedeihen Blumen und St.-Pauli-Gemüse. Die Idylle in der Nebenstraße auf dem Kiez wurde von einer privaten Initiative für Stadtbegrünung geschaffen. Jeder kann mitmachen.

Berlin hat gezeigt, wie es geht. 6000 ungenutzte Quadratmeter Kreuzberg befreite man vom Müll und verwandelte sie in einen Prinzessinnengarten. Weil die Stadt diese Fläche jeweils nur für ein Jahr vermietet, sah man sich gezwungen, Beete zu entwickeln, die umziehen können. Die Pflanzen wachsen aus recycelten Bäckerkisten, Reissäcken und Tetrapaks heraus. So bleiben sie mobil und können selbst über dem härtesten Beton Wurzeln schlagen. Auf dem Internationalen Sommerfestival kamen Berliner und Hamburger ins Gespräch, eine äußerst fruchtbare Kooperation entstand. Seit 2011 hat der Kiez einen schönen Garten. Kleiner zwar als das Vorbild der Hauptstadt, dafür gibt es Ableger wie die »Keimzelle«, ein grünes Inselchen im Karo-Viertel (Ölmühle, 20357 Hamburg, www.diekeimzelle.de).

> Auch im Volkspark finden Sie einen Gemeinschaftsgarten, aber mit normalen Beeten und Permakultur. Das passt dort zur Umgebung. Infos unter www.umweltgestaltung.org

2019 ist der Garten umgezogen auf eine Grünfläche hinter dem ehemaligen israelitischen Krankenhaus in der Simon-von-Utrecht-Straße 4. Es gibt Bienenstöcke, kleine Gewächshäuser, einen mobilen Komposthaufen und heiße Suppe. Das Prinzip des Gartendecks ist einfach. Träger sind alle, die dort gärtnern. Gemeinsam wird gesät, gepflanzt, gejätet, gegossen, geerntet und erprobt, wie sich brach liegende Flächen in produktives Grün verwandeln lassen. Manche haben das Konzept nicht ganz verstanden. Einmal kam ein Gärtner, den Spaten über der Schulter, um beim Beeteumgraben zu helfen. Auch er war willkommen, und sein Spaten durfte Urlaub machen.

Gartendeck · Öffnungszeiten und Veranstaltungen siehe Homepage · Simon-von-Utrecht-Straße 4
20359 Hamburg · www.gartendeck.de · S 1, S 3 Reeperbahn

Lieblingsplatz

KUPPELBLICK VOM AUGUSTINUM

95

Schon beim Betreten des Fahrstuhls hüpft das Herz: Ein gläsernes Außengefährt, mit dem die Elbwarte unter der Kuppel erreicht wird – Schwindelfreiheit vorausgesetzt. Das letzte Stockwerk ist zu Fuß zu erklimmen, etwa 50 steile Stufen in den 13. Stock zur großen gläsernen Kuppel im Restaurant »Café Elbwarte«. Auf der Balustrade im Freien atmet man Nordseeluft. Der fantastische Blick geht zur Elbphilharmonie auf der einen und weit die Elbe abwärts auf der anderen Seite. Das Wohnstift Augustinum bildete einst den monumentalen Abschluss der Hafenanlagen und zugleich Eingangspylon für den Hamburger Hafen von der See. Heute bietet es Hafenweitblick und kulinarische Köstlichkeiten und ist eine Nobel-Seniorenresidenz.

Wohnstift Augustinum · Mi, Fr, Sa, So von 15–18 Uhr ist das Restaurant Elbwarte für die Öffentlichkeit geöffnet · Neumühlen 37 · 22763 Hamburg · www.augustinum-hamburg.de
Bus 112 oder HVV-Fähre 62, fährt jede Viertelstunde, Ausstieg Neumühlen–Övelgönne

EINE STATIONSLÄNGE GARTENGLÜCK

96

Wenn Sie nur eine Station mit der U 2 von der Hohen Luft in Richtung Schlump fahren und dabei rechts aus dem Fenster schauen, erleben Sie eine Überraschung: Plötzlich tauchen lauter kleine grüne Parzellen mit Häuschen auf, ein Biotop mitten in der Stadt. Der Kleingartenverein 327 »Hohe Weide« ist 766,50 Meter lang und der einzige, der so zentral liegt. Er ist Teil des Landesbunds der Gartenfreunde. Vor über 150 Jahren entstanden die ersten Schrebergärten, die den Ärmsten von den Gemeinden für den Gemüseanbau gestiftet wurden. Das kleine Stück Land war auch nach dem Krieg für viele existenziell. Heute heißen sie Naherholungsflächen und sollen Lebens- und Freizeitqualität im »Grünen Netz Hamburg« erhöhen. Die Parzellen sind sehr begehrt – trotz vorbeidonnernder U-Bahnen.

KGV 327 · Kaiser Friedrich Ufer · 20352 Hamburg
www.kleingarten-hh.de · Die Kleingartenanlage kann nur mit einem Schlüssel der Besitzer betreten werden · U 3 Hoheluftchaussee

97 HAUS DER EWIGKEIT

Der nach jiddischer Redewendung »Gute Ort« gilt nicht nur wegen seiner Größe und seines Alters als eines der bedeutendsten jüdischen Gräberfelder Europas. Auch seine kulturhistorische Bedeutung durch die Bilder auf den Grabsteinen ist von unschätzbarem Wert.

Nahe der Reeperbahn liegt an der Königstraße ein jüdischer Friedhof, entstanden 1611. Er ist nahezu einzigartig in Europa wegen der direkten Nachbarschaft von sephardischen (jüdische Einwanderer von der Iberischen Halbinsel) und aschkenasischen (deutsche Juden und Einwanderer aus Osteuropa) Gräbern und der ausführlich beschrifteten marmornen Grabsteine.

Im 17. Jahrhundert wurden die Juden in Portugal zwangsgetauft. Viele wanderten deshalb nach Norden aus und trafen in Hamburg auf eine Gemeinde, deren Mitglieder, viele aus Russland und Polen, ebenfalls geflohen waren. Gemeinsam kauften sie das ehemalige Ackerland.

Etwa 260 Jahre lang fanden hier die Verstorbenen der jüdischen Gemeinden Altona, Hamburg und Wandsbek ihre letzte Ruhestätte. Darunter der Vater von Heinrich Heine und die Großmutter von Felix Mendelssohn-Bartholdy. Heute steht der Friedhof unter Denkmalschutz.

An die 6000 Grabsteine gibt es noch, teils mit floralem Zierrat und figürlichen Halbreliefs von Frauen, die Zwillinge stillen, oder biblischen Motiven. Die Steine mit eingemeißelten Geschichten aus vergangener Zeit belegen die Fabulierkunst der Hinterbliebenen und ihre Lust, Komplimente auszudrücken: »Er war sehr gottesfürchtig, sehr belesen«, steht auf einem. Hatten die Rabbiner kluge Bücher geschrieben, wurden auch diese verewigt. Die Liebesgrüße für die Toten sind in spanischer, portugiesischer, hebräischer und deutscher Sprache eingemeißelt.

Der Besucher kann hier viel entdecken und lernen. Bislang konnte eine Forschungslücke von den hier tätigen Wissenschaftlern noch nicht geschlossen werden: der Teil des Friedhofs für Hamburger Juden, den Hitlerjungen im Dritten Reich zerstörten und sich als Fußballplatz einrichteten.

Jüdischer Friedhof Altona mit Eduard-Duckesz-Haus · Di, Do, So Nachmittag geöffnet (So 12 Uhr Rundgang) · Königstraße 10a · 22767 Hamburg · www.denkmalstiftung.de
S-Bahn Reeperbahn oder Königstraße, Bus 112 Fischmarkt, Bus 36 Reeperbahn

VIEL KULTUR BEI LUV UND LEE

98

Hamburger lieben den Anblick beim Spaziergang entlang der Ufer: Der weite Alstersee, garniert mit weißen Dreiecken von Segelbooten, ein Hauch von Freiheit inmitten der Stadt. Die Perspektive zu tauschen, blieb bisher Kundigen vorbehalten. Seit ein paar Jahren ist dies anders.

Er kennt sie genau, die Stelle, an der alle fünf Hauptkirchen in den Blick rücken. Fünf Turmspitzen wachsen aus der Häusersilhouette, bilden eine Skyline, wie viele sie nur von Hamburg-Taschen kennen. Zeit für ein Foto. Hier flüstert der Wind ganz leise. Der große Stadtsee ist glatt wie ein Spiegel. Für einen Moment, dann kommt die nächste Böe, ganz plötzlich wölbt sich das Segel. Unser Skipper reagiert prompt, elegant nimmt das Boot Fahrt auf. Er weiß, wie launisch das Gewässer ist, ein anspruchsvolles Segelrevier, die bebauten Ufer sorgen für wechselnde Winde und manchen Düseneffekt. »Wir gehen über Stag!«, ruft der Alsterskipper, einer von der ganz alten Schule, heute heißt es einfach: »Wir wenden!« Er gehört zur Crew von Hamburg City Sailing. Der frühere Inhaber Georg H. Büsch hatte eine Idee: Törns auch für Unwissende und Kulturerlebnisse auf dem Wasser anbieten. So schloss sich eine Lücke.

Nicht jeder kann segeln. Nicht alle, die es können, bekommen eine Jolle. Da gehen die Bootsverleiher am Alsterufer auf Nummer sicher. Dabei ist es so herrlich, an der Feenteichbrücke oder am Schwanenwik vorbeizugleiten, lautlos und nur vom Winde bewegt, Perspektiven zu genießen, die Hamburg nur vom Wasser aus offenbart. St. Petri schmiegt sich an das Rathaus, obwohl in Wahrheit Raum dazwischen ist. Eine türkisfarbene Moschee korrespondiert mit dem norddeutschen Regatta-Verein. Selbst die Philharmonie der Elbe ist von der Alster aus zu sehen. Und natürlich das Hotel Atlantik. »Wohnt Udo Lindenberg da noch, oder ist er nun echt in Berlin?«, fragt der Gast. Der Skipper kennt die Wahrheit und noch ganz, ganz viele andere Alster-Geschichten.

Hamburg City Sailing · Alsterufer 2 · 20354 Hamburg · Tel. 040/76 50 00 66
www.hamburg-city-sailing.de · U-Bahn und S-Bahn Hauptbahnhof

99 DER HAFENTAUCHER VOM HAFENMUSEUM

In der Tiefe ist die Elbe ein Reich aus Dunkelheit und Schatten. Dort bewegen sich Menschen mit eisernen Nerven, besonderer Ausbildung und Spezialausrüstung. Eine große Herausforderung war es für die Hafentaucher im 19. Jahrhundert. Wie es ihnen erging, können Sie in einem besonderen Museum live erleben.

Im Jahr 1819 hatten die Gebrüder Deane eine gute Idee: Sie bauten einen Ritterhelm um. Fortan konnten Berufstaucher, zuvor unter großen Glocken eingeschlossen, sich freier bewegen. Wenn man es so sagen kann, denn sie hingen am Schlauch und waren abhängig von jenen, die oben standen und pumpten. Im Hamburger Hafenmuseum übernehmen Besucher diese Rolle. Sie sichern die Luftversorgung mit der Handpumpe, während Christian Schuchmann auf den Elbgrund sinkt. Monatlich steigt er in historischer Arbeitsmontur in den Hansahafen. Bei der Vorführung des Kupferhelms zeigt sich, dass das Gerät noch immer funktioniert. Heute haben es Berufstaucher etwas leichter. Sie schweißen unter Wasser, untersuchen Schiffsrümpfe, bergen Wrackteile und andere Dinge. Oft können sie dabei nicht einmal die eigenen Hände sehen. Noch rund 90 weitere Ehrenamtliche machen das Hafenmuseum lebendig. Ihre Biografien sind eng mit der Hafenarbeit verbunden: Kranführer, Schauerleute, Menschen, die auf Schiffen, in Docks oder den alten Kaischuppen arbeiteten. Es ist eine Schatzkiste der Hafengeschichten am Originalschauplatz, mitten im pulsierenden Betrieb der Kräne und Containerterminals. Die Ausstellung umfasst Sammlungen zum Hafenumschlag, zur Schifffahrt und zum Schiffsbau. An besonderen Tagen werden der Schuten-Dampfsauger oder historische Portalhubwagen in Gang gesetzt.

Die Barkassen der Maritimen Circle Line steuern das Hafenmuseum und weitere Museeen von den Landungsbrücken aus an. Infos unter: www.maritime-circle-line.de

---

Hafenmuseum Hamburg PEKING · April–Okt. tägl. außer Di 10–17 Uhr, Sa/So bis 18 Uhr
Kleiner Grasbrook/Freihafen Australiastraße 50 A · 20457 Hamburg-Veddel
Tel. 040/73 09 11 84 · www.shmh.de
Anfahrt: Fähre 73 ab Landungsbrücken bis Argentinienbrücke oder Maritime Circle Line

100 ROMANTISCHES PADDELN IM HANSEATISCHEN VENEDIG

Hamburg hat unzählige Wasserstraßen, auf denen man die Stadt gemütlich per Kanu oder SUP erpaddeln kann. Unternehmen Sie doch mal eine Tour auf idyllischen Alsteradern oder Dove- und Gose-Elbe – durch wunderbare Natur oder vorbei an historischen Gebäuden.

Hinterer dem Mühlenkampkanal, wo der Goldbekkanal immer schmaler wird, wölben sich Äste über die Ufer und fügen sich zu einem Blätterdach. Über den von Villen gesäumten Rondeelteich geht es paddelnd durch romantische Alsterkanäle, teils mit dschungelartigem Wuchs, dann wieder vorbei an schicker Bebauung und gepflegten Parkanlagen. Denn Hamburg hat nicht nur mehr Brücken als Venedig, diese Brücken überspannen auch zahlreiche Wasserwege.

Die Bootsvermietung Dornheim bietet Besonderes: Lassen Sie sich in einer original venezianischen Gondel über die Alster und Hamburgs Kanäle fahren. www.bootsvermietung-dornheim.de

Hier zeigt sich die Hansestadt aus ganz anderen Perspektiven, und wer möchte, kann sich an den Amazonas träumen. Sogar bis zum Stadtparksee kann man auf dem Wasser gleiten. Eine circa zweieinhalbstündige Kanutour etwa führt von der Alten Alster bis zur Ohlsdorfer Schleuse vor. Auf dem Rückweg geht es über verschlungene Seitenkanäle Richtung Außenalster. Genauso reizvoll, oft sogar noch etwas abenteuerlicher, ist es, einfach draufloszupaddeln und sich vom Geflecht der Wasseradern leiten zu lassen. All dies ist inzwischen auch stehend möglich: Einige Bootsverleihe bieten auch Stand-up-Paddeln (SUP) an.

Etwas weiter außerhalb verbindet ein 2,6 Kilometer langer Kanal die beiden Altarme der Elbe miteinander: die Gose-Elbe und die Dove-Elbe. Für Kanuten und SUP-Fans ist es eine wunderschöne Rundfahrt, die unter anderem auch durch die Reitschleuse führt. Dort, wo sich der Fluss zu seenartigen Buchten verbreitert, lockt der Wasserpark Dove-Elbe mit Stegen für Sonnenanbeter.

Tourenvorschläge und Adressen von Bootsverleihen
unter www.hamburg.de/kanufahren

IMPRESSUM

Verantwortlich: Claudia Hohdorf
Layout: BUCHFLINK Rüdiger Wagner
Repro: LUDWIG:media
Korrektorat: Eva Ebenhoch

Umschlaggestaltung: Nina Andritzky
Kartografie: Kartographie Huber, Heike Block
Herstellung: Kathleen Baumann, Bettina Schippel
Printed in Slovenia by Florjancic

★★★★★

Sind Sie mit diesem Titel zufrieden? Dann würden wir uns über Ihre Weiterempfehlung freuen. Erzählen Sie es im Freundeskreis, berichten Sie Ihrem Buchhändler, oder bewerten Sie bei Onlinekauf. Und wenn Sie Kritik, Korrekturen Aktualisierungen haben, freuen wir uns über Ihre Nachricht an Bruckmann Verlag, Postfach 40 02 09, D-80702 München oder per E-Mail an lektorat@verlagshaus.de.

Unser komplettes Programm finden Sie unter www.bruckmann.de

Alle Angaben dieses Werkes wurden von den Autorinnen sorgfältig recherchiert und auf den aktuellen Stand gebracht sowie vom Verlag geprüft. Für die Richtigkeit der Angaben kann jedoch keine Haftung übernommen werden. In diesem Buch wird aus Gründen der besseren Lesbarkeit das generische Maskulinum verwendet. Weibliche und anderweitige Geschlechteridentitäten werden dabei ausdrücklich mitgemeint, soweit es für die Aussage erforderlich ist.

Bildnachweis: Die Bilder im Innenteil stammen von Annett Rensing, außer: Shutterstock: 2 (PRILL), 4 (T.W. van Urk); 5 (Ikonoklast Fotografie), 100 (ruzanna); Goot Hamburg: 6; Line Thöne: 3; Frohstoff Siebdruck: S. 9; Christine Lendt: 11 o., 12 u., 24 o. u. u., 27 o., 31 o. u. u., 32/33, 36 o. u. u., 47, 55 o. u. u., 84 o. u. u., 91, 98 o. u. u., 101, 102, 113 o. u. u., 124 o. u. u., 132 o. u. u., 135 o. u. u., 139 o. u. u., 142 o., 145, 156 o. u. u., 159, 161 o. u. u., 162 o. u. u., 164 o. u. u., 181 o. u. u., 186 o ., 191; Gewürzmanufaktur: 11 u.; Die Porzellanwerkstatt: 12 o.; graugans design: 15; Haltestelle zur Wurst: 16; Rösterei Burg mit Museum 19 o. u. u.; Susanne Behrens: 20; samova: 23; Altes Mädchen Braugasthaus: 27 u. u. Umschlagrückseite; The Box: 35 o. u. u.; Reepschlägerhaus e.V. 39 o. u. u.; Hotel Radisson Blu: 40; K. H. Wilke: 43, 62 o. u. u.; Tobias Gätke: 45; Adam Ostrowski: 48; H. v. Gundlach: 52; Kunsthaus: 57 o.; Hamid Ghandehary: 57 u.; Michael Bernhardi: 58; Staatsarchiv Hamburg: 61; ShrineArt: 64; Andreas Garrels: 66/67; Courtesy: LEVY Galerie, Hamburg: 68 o. u. u.; Andrea Lupberger: 74 o. u. u.; Markus Diehl: 76 u.; Thies Ibold: 79 o.; Karen Stricker: 80 o. u. u.; Logensaal Kammerspiele: 83 o. u. u.; Stiftung Wasserkunst Elbinsel Kaltehofe: 87 o. u. u.; Altonaer Museum: 88; electrum: 92 o. u. u.; Kunst-Imbiss: 95; Internationales Maritimes Museum Hamburg: 96; KL!CK Kindermuseum: 105; Hamburger Schulmuseum: 106; Coffee to Fly: 108/109; Bezirksamt Hamburg Nord: 110 u.; Komitee für Igelschutz e.V. Hamburg: 116; Harald Kemna: 119 o. u. u.; Margot Schmidt: 127 o. u. u.; Thomas Ruß: 131 o.; NABU/Krzysztof Wesolowski: 131 u.; Beachclub 28: 136; Holger Kraus: 140 oben; Florian Quandt/Hamburger Morgenpost: 140 unten; www.beifussfrau.de: 142 u.; Bäderland Hamburg: 146/147; www.heimathafen-aktuell.de: 149, 171; Norddeutsche Gartenschau im Arboretum: 150; Timo Schiel: 153 u.; NABU/Heike Springer und Marco Sommerfeld: 155 o. u. u., Tina Lorgi: 167 o.; Stiftung Denkmalpflege/Gabriele Schabbel-Mader: 167 u.; Deutsches Zusatzstoffmuseum: 177 o. u. u.; W. Malik: 178; Christian Topp: 182; Denkmalstiftung: 185 o. u. u.; HH City: 186 u.; Hafenmuseum Hamburg PEKING: 189
Umschlagvorderseite: stock.adobe.com/Miniloc
VG Bild-Kunst, Bonn 2021: S. 68 u. (Andenken an das Pelzfrühstück/Meret Oppenheim)

Textnachweis: Christine Lendt: 1, 3, 4, 5, 11, 12, 13, 15, 16, 18, 19, 22, 27, 29, 32, 35, 41, 43, 44, 45, 46, 47, 48, 49, 50, 51, 52, 53, 56, 63, 67, 68, 69, 70, 72, 73, 74, 75, 81, 82, 83, 84, 85, 89, 92, 94, 98, 99, 100; Annett Rensing: 2, 7, 8, 9, 10, 14, 17, 20, 21, 23, 25, 26, 28, 30, 31, 33, 34, 36, 37, 38, 39, 40, 42, 54, 55, 57, 58, 59, 60, 61, 62, 64, 65, 66, 71, 76, 77, 78, 79, 80, 86, 87, 88, 90, 91, 93, 95, 96, 97; Sebastian Knauer: 6, 24

Die Deutsche Nationalbibliothek verzeichnet diese Publikation in der Deutschen Nationalbibliografie; detaillierte bibliografische Daten sind im Internet über http://dnb.d-nb.de abrufbar.

ISBN 978-3-7343-2169-6